U0642550

勿使前辈之遗珍失于我手
勿使国术之精神止于我身

功夫探索丛书

戴君强 著

Power from the Earth

借力

——太极拳劲力图解 Tai'chi Dynamics

北京科学技术出版社

图书在版编目（CIP）数据

借力：太极拳劲力图解 / 戴君强著 . — 北京 : 北京科学技术出版社 , 2020.8（2024.10 重印）

（功夫探索丛书）

ISBN 978-7-5714-0886-2

Ⅰ . ①借… Ⅱ . ①戴… Ⅲ . ①太极拳—图解 Ⅳ .
① G852.11-64

中国版本图书馆 CIP 数据核字（2020）第 064794 号

著　　者：戴君强
插　　图：靳　宇
策划编辑：胡志华
责任编辑：胡志华
责任校对：贾　荣
责任印制：张　良
装帧设计：志　远
出 版 人：曾庆宇
出版发行：北京科学技术出版社
社　　址：北京西直门南大街 16 号
邮政编码：100035
电话传真：0086-10-66135495（总编室）
　　　　　0086-10-66113227（发行部）
网　　址：www.bkydw.cn
印　　刷：保定市中画美凯印刷有限公司
开　　本：710mm×1000mm　1/16
字　　数：127 千字
印　　张：10.25
版　　次：2020 年 8 月第 1 次印刷
印　　次：2024 年 10 月第 3 次印刷
ISBN 978-7-5714-0886-2
定　　价：50.00 元

编辑者言

《潜确类书》卷六十载:

> 李白少读书,未成,弃去。道逢老妪磨杵,白问其故。曰:"欲作针。"白感其言,遂卒业。

李白聪颖,他能"感其意",并付诸有效的行动。

学功夫,最难的,恐怕不是下不了苦功,而是不能"感其意"。

以前,武者多椎鲁不文,常借用日常之物、劳作之事来表达其意,这倒不失为朴素的好办法。世代同乡同里,风俗早就渗进血脉里,所见所感自然无须多费口舌。悟性好的,能"感其意"而化于自身,肯花工夫,功夫终究能上身。

但,离了此情此景,凭几句口诀、几篇拳谱,则很难推断出其具体练法。

到如今,科学昌明,武者也不再局限于口传、身授、心记,图文、视频等都可作为记录手段。书刊之丰富,前所未有。可是,不论是手抄本,还是出版物,抑或是师徒之间的授受,隔山、隔纸、隔烟的困惑从未消失。

这其实是一个令人匪夷所思的现象。

即使受限于文言之于白话的难懂、方言之于普通话的障碍、授者与受者之水平高低，功夫，总归是"人"这一个统统是躯干加四肢的有形之体承载下来的，怎么会变成一门难以自明的学问？

于是，不泥古、不厚今，剖开表象，觅求功夫的实质，找到具体而有效的训练方法，让更多人受益于其健养之效，进而对防卫有一定裨益，乃至获得修养之资粮，就是这套丛书最初的缘起。所以，不限年代，不限国别，不论是借助多学科的现代分析，还是侧重明心见性的东方智慧，只要是对功夫这种探究人体运动的学问有精诚探索的读物，都在本丛书所收之列。

当然，我们已知的科学不能穷尽功夫的原理，更不能穷尽人体的奥秘。

正因为如此，我们不应排斥先贤的智慧，更不应止步于此。

共勉。

2019 年 9 月

序一

1993 年秋，健康问题把我带到戴君强医师的诊所。戴医师是一位痴心于中医和太极拳的医者。我多年失眠，晚上惊悸、焦虑和盗汗，传统的西医疗法并未给我提供太大的帮助。

戴医师请我坐下，他先给我诊脉，接着摸了摸我的脖子，查看我的舌头、耳朵，然后站在我身后轻轻地触摸我的颈部和脊柱，最后总结说："你的问题在于阴虚肾亏，但不是很严重。你要少吃炸、烤的食物，多吃海带。我会给你开一些中药，并要做一些针灸治疗。"当时我感到很惊讶，因为我还没告诉他我的任何症状，他已完成诊断，并很有信心地开出了处方。

我内心或许想拒绝这样的诊断结果，但一些事又让我摒弃了成见。

首先，我注意到，当他为我诊脉时，他手中传出一股强烈的暖流使我顿感通体舒畅。

其次，他所指出的我的症状，竟然正确得令我惊讶。

最后，我决定，就按照他的建议去做。

在戴医师的中药、针灸和饮食疗法的诊治下，数周后我的健康状况明显改善，也能正常睡觉了，晚上不再盗汗，人也很平和。在他的诊所，我遇到许多患者，包括一位曾经有严重心脏问题的患者，以及一位癌症晚期的女性患者，他们都高度赞扬戴医师高超的医术。

不久，他介绍我参加由他教授的太极拳学习班。令我惊奇的是，他虽然身材比班上的西方人矮小了许多，但却拥有惊人的力量。他用学习多年的郑曼青太极拳（也称为郑子太极拳），可以"简单地""轻轻地"将我们连根拔起发到空中。他教给我们许多学好太极拳的知识，且教授时总是十分小心，避免我们受伤。

我十四岁的儿子每晚观看我和我的夫人比特丽斯（Beatrice）在客厅打太极拳。以儿子那青少年的思维，他认为这又笨又奇怪的慢动作除了让人感到舒缓、无聊之外，根本没其他的用处。不过，这个强壮、好动的男孩在某天晚上急不可待地尝了"一点点"太极拳劲力的滋味。

我儿子比戴医师高大，且天生好斗，事实上他更想把自己强壮的肌肉"秀"给戴医师看。然而这个充满活力的青少年的力量，竟然在对方平静得好似毫无动作的情况下被吸收，那场面看起来仿佛不是真的。他使尽力气，甚至脖子上青筋暴突，就是没办法让戴医师移动一寸。

最后，戴医师客气地说："如果你愿意的话，我可以展示一点太极拳的劲力。"于是，我的儿子用力锁紧双臂，弓步站稳。这时戴医师只是把两根指头放在他的双臂上，然后轻轻上步，就把他推开好几步。接着，戴医师让我的儿子挥拳使劲打他的肚子，他竟然毫发无伤、谈笑自如。

事后，我儿子叙述当时的情形说："我好像是打在外软内硬的糖块上，外面软软的，里面则是坚硬的。"自此之后，毋庸置疑，我的儿子再也不取笑我们练习太极拳了。

我很荣幸为戴医师的书写序。这本书带给我们许多关于太极拳和中医的宝贵知识。本书除对各阶层的太极拳习练者有价值外，更证明了这些"松柔"的动作也是有效的自卫武器。希望读者们阅读本书后，能从其中获得帮助和智慧。

专栏作家

科林·亚德利（Colin Yardley）

于哥伦比亚盐泉岛

序二

　　我第一次遇到戴医师时，他正在温哥华伊丽莎白女王公园与人推手。我在旁边静静地观察他，问他是否愿意一起推手，他欣然同意。交手间，我心里马上肯定了他的造诣，因为在开始习练太极拳，并将之作为保持健康和舒缓紧张的新方法之前，我已有四十五年的柔道习练生涯。

　　我们很快成为好朋友，经常一起练习太极拳，一起讨论其哲学内涵与实际运用，共同研究外家功夫与郑曼青太极拳如此轻柔的动作间的差别。

　　作为一位中医师和针灸师，戴医师对太极拳的内涵有良好的诠释。事实证明，经过认真的学习，郑曼青太极拳不但能促进人体健康，更是精神生活的不竭泉源。

约翰·A. 亨特利（John A.Huntly），柔道六段

于加拿大大不列颠哥伦比亚省

自 序

三十多年前，我在台湾省嘉义市中山公园漫步时，遇到年近七旬的庄大用师兄，他正在打太极拳。我对这种又慢又柔的运动很好奇。他告诉我，太极拳可以健身和防身。

防身？没搞错吧！我流露出怀疑的表情。他微笑着邀请我尽力推他，我痛快地答应了。不料，他轻松自若地站在原地，我连吃奶的力气都用出来了，根本动不了他。相反，他只用两根手指头，就毫不费力地把我推开了。

之后，我才知道他才学了两年太极拳，而学拳以前他还是一位受高血压、关节痛、失眠等困扰的老人呢。

经庄师兄介绍，我开始跟陈取宽老师学习郑曼青太极拳。印象最深的是，那表面看似轻柔的太极拳，其劲力竟然可在谈笑声中将人震飞，人撞在混凝土墙上，整面墙都会摇晃。陈老师可让人穿着皮鞋踢他的胫骨，身上也可任人踢打，却毫发无伤；十余人聚集一整排来推他，却一步也动不了他。太极拳的威力真了不起！

陈老师太极剑造诣很深，是中国少数发展太极剑实战者中卓有成效之人。

后来，我又追随陈振辉老师，目睹了他气沉入骨的境界。陈振辉老师双臂互撞之时就像两块大理石相撞般铿然有声，闻者莫不称奇，这更

郑子太极拳大师陈振辉向一名外籍人士示范"拔根劲"的情景

1998 年 3 月 8 日 摄于温哥华

郑子太极拳大师陈振辉示范以"掤劲"接住众人推挤合力

1998 年 3 月 8 日 摄于温哥华

加深了我对习练太极拳的憧憬。自此以拳会友，借以比较各种武术，乐此不疲。

发扬太极拳，以中医济世，对众生有所贡献，对慈母和先父的恩情有所回报，是我今生最大的心愿，也是近十年来我日夜思索、汲汲求知的原因。在太极拳方面，经由与各家各派推手，我对内家功夫的劲力有所体会。在本书中我将从科学的角度来解释神秘的太极拳劲力，详细论述之，希冀对中华民族文化的传承尽一份薄力。

写作本书的目的在于阐述知而后行、知行合一的重要性，因此以解说太极拳劲力的基础理念为主，而非以提供训练方法为目的。练拳，最重要的还是跟对老师，求得正确的基础，如此方可节省数十年的摸索，避免错误的开始。

本书的写作前后花了六年，参考了上百本武术、医学书刊，观念问题一再验证，电脑绘制的图片虽说也不断改进，但仍难免疏漏，尚请见谅。

原著是用英文写的，部分内容曾刊载于美国《太极拳》杂志（TAI'CHI）。今译成中文，与国内前辈和同仁共同研究，齐为发扬中华民族国粹而努力。

戴君强

2019 年 9 月

目　录

太极传说 / 001

　　武当始祖张三丰 / 001

内家与外家劲力 / 006

气与脊椎的关系 / 011

　　躯体端正 / 011

　　太极拳动作的基本要求 / 012

心灵力量 / 021

　　空气中游泳 / 023

　　意守与丹田 / 024

　　涌泉与命门 / 029

　　静坐与观想 / 031

　　气与呼吸 / 031

气、焦点与运动协调 / 032

气与声音 / 033

向地球借力量 / 034

太极拳的劲力来源 / 034

下肢肌肉与太极拳劲力间的关系 / 038

太极拳劲力的基本分类 / 041

陈式太极拳的缠丝劲 / 041

杨式太极拳的抽丝劲 / 043

郑曼青太极拳的拔根劲 / 044

沉劲 / 045

直劲与圆劲 / 046

长劲与短劲 / 049

凌空劲 / 051

胯与髋关节 / 051

三尖 / 053

太极拳、合气道与柔道 / 054

太极拳的步法与身法 / 055

行走中的劲力 / 055

虚实与轻重 / 062

太极拳动作的协调一致 / 064

太极拳的体用分析 / 067

按法 / 067

挤法 / 070

掤法 / 071

捋法 / 073

採法 / 074

肘法与靠法 / 075

走化 / 078

沾黏劲 / 079

引劲 / 081

拿法 / 082

截法 / 085

腿法与击法的加速 / 087

直劲踩法 / 088

圆劲腿法 / 090

步法与身法 / 092

击法 / 093

劲力与体能训练 / 096

太极剑劲 / 099

基础认识 / 099

剑劲的比较 / 100

太极剑训练的要求 / 108

太极拳剑之间 / 112

强筋松心 / 113

根 / 116

站桩 / 118

搭公交车或地铁时 / 120

单重还是双重 / 120

根的运用 / 121

附录 / 123

经典拳论 / 123

问答集 / 127

脊柱骨盆端正百病消 / 136

如何运用太极拳端正脊柱与骨盆 / 138

参考书目 / 142

太极传说

武当始祖张三丰

据传目前流行的太极拳，源于宋朝武当道士张三丰所创的"武当内家拳"，其中包含了"太极拳十三势"。武当内家拳经由张三丰弟子王宗传授与张松溪，后以武当松溪派内家拳闻名，其虽未以太极拳命名，但内容与太极拳有很多相近之处。太极绝学，是王宗岳在河南洛阳和开封一带旅居时，教授与在西安开豆腐店的蒋发的。蒋发到了陈家沟，又传授与陈家第十四代陈长兴。陈长兴后来传与杨露禅，因而有了杨式太极拳的兴起。

太极拳的渊源众说纷纭，经顾留馨、唐豪、吴图南、雍阳人、赵斌、宋志坚、于志钧等各方考证，最终肯定了张三丰与太极拳的关系。据有关文献记载，太极拳可能在唐朝就有了，张三丰应是集其大成者，是让太极拳普遍流传的关键人物。主要引据有：

○ 明代宋远桥的《宋氏太极功源流支派论》记载，宋氏太极功是唐

朝的许宣平所创;明代俞莲舟的《太极拳真义》记载,俞氏太极功是唐朝李道子所创;

○明代历史学家黄宗羲的《王征南墓志铭》记载:内家拳起于武当道士张三丰。王征南是内家拳大师,黄宗羲的儿子黄百家跟王征南学拳。黄百家在《内家拳法》中说张三丰是北宋徽宗时期的人;

○乾宣道长严嘉良的《武当秘鉴》记载:张三丰创无极拳十二式、太和拳八式、太极拳十六式,后来三拳合一为太极拳;

○杨露禅的弟子王兰亭将太极拳传给了李瑞东,李瑞东的传人公布了陈长兴有关太极拳源流的一篇序。陈长兴在序中记述了他的老师蒋发因拜王宗岳为师而尽得内家武当派悟修真传;

○陈鑫《陈氏太极拳图说》中载有《杜育万述蒋发受山西师传歌诀》。杜育万所著《太极拳正宗》中言明自己先师为蒋发;

○太极拳大师吴图南寻访撰写《陈氏太极拳图说》的陈鑫,从陈鑫处得知,陈家著名的炮捶(陈式太极拳第二路)属少林拳。陈鑫并言陈长兴在拜蒋发为师后,族人视之为耻辱,禁其再教炮捶。因此,太极十三势在陈长兴门下,可能是单独习练。吴图南经陈鑫引荐,亲睹杜育万演练蒋发所传之太极拳。

王宗岳的《太极拳论》《太极拳释名》《打手歌》和《十三势歌》,是现存最早的太极拳文献,也是太极拳发展史上的经典之作。这些作品令人确信,太极拳的原版应只有掤、捋、挤、按、採、挒、肘、靠、前进、后退、左顾、右盼、中定十三势,以"人刚我柔"的"走"与"我顺人背"的"黏"字为诉求,其实践则以揉手(推手)、大捋为主。

《十三势歌》出现了"益寿延年不老春"的语句,显示王宗岳并非从纯武学的角度来推广太极拳,拳术之外,也注重健康与长寿之道。王宗岳的明符枪则是太极札杆的前身。

陈长兴太极拳著作有《太极拳十大要论》《用武要言》等，立论精辟，是陈式太极拳最早的著作。他在《太极拳十大要论》中对太极拳的刚柔属性做了明确解释："用刚不可无柔，无柔则环绕不速；用柔不可无刚，无刚则摧逼不捷。刚柔相济，则沾、黏、连、随、腾、闪、折、空、掤、捋、挤、按，无不得其自然矣！"

由于目前的陈式太极拳中并无"掤""捋""挤"等势，说明自陈长兴后太极十三势可能是单独习练的，直到陈长兴教拳与杨露禅，经杨家改革，十三势才融入陈家武功。

至于刚柔并济的诉求，可能出自陈长兴的体会。太极拳的心法是柔的，但全身肌肉必须强健，才能有效传导经全身重力与地表压缩、反弹而来的能量，固然筋肉、骨骼只是桥梁，但桥梁必须刚强，才能承受重力。反过来说，人做任何动作，肌肉必须先放松，才能快速收缩。太极拳讲究的是动作前完全放松，如果还没动，心意就已经僵了，肌肉早就收缩变硬，想快也快不了。此外，从诸多手法、步法、身法、实战技巧看，太极拳自此已融入武林，自成一格。

陈氏第十六代的陈鑫，著书立论，使陈家武功的源流泛太极化。他扩大了陈长兴与太极拳的关系，促成陈家武功都冠上"太极"之名。陈鑫的著作甚多，有《太极拳经谱》《太极拳缠丝法诗》《揭手十六目》《揭手三十六病》《太极拳图说》等。他将陈式的缠丝劲系统化，对太极拳劲力与运用有精辟的研究。陈鑫对当时推手（揭手）的许多弊病观察入微，如果现行的推手系统能体会他的心意的话，就不会像斗牛和摔跤般惨不忍睹了！

陈家因远处河南，其发展不如地处京城的杨家快，唯一让人开眼界的，应是 1928 年陈发科（1887~1957）到北京的展示，据说技惊四座、劲力惊人。在他积极推广下，以刚柔并济为主的陈式第一、二路拳吸引了许多以练就武艺为目的的学习者。现在陈式太极拳也有走纯柔健康路线的拳架，以利推广。

杨家在推动太极拳上功不可没。杨露禅受聘在端王府教拳，与次子班侯、三子健侯名满京城，班侯更被誉为"杨无敌"。

据说杨露禅与八卦掌大师董海川同在王府教拳，因而相识，二人曾比武三日，不分上下，彼此都很赞许对方。

杨健侯的三子杨澄甫推广拳艺最得力，在其学生的协助下，著有《太极拳术》《太极拳使用法》《太极拳体用全书》等。至此，杨式太极拳走纯柔的路线，吸引众多以健身为目的的学习者，风行全国，目前已普及世界各地。

受到陈、杨二式的熏陶，吴式、武式（武禹襄）、郝式（郝为真）、孙式（孙禄堂）等太极拳诞生，目前以杨式最为普及，陈、吴式次之。其中，武禹襄的《十三势行功要解》《太极拳解》《太极拳论要解》《十三势说略》等，是最早、也是最精辟的太极拳原理与哲学的经典之作，与王宗岳的著作共同成为之后各家各派的理论基础，可谓其功至伟。

杨澄甫弟子郑曼青，以其渊博的知识，将老子和中医思想进一步融入太极拳，对太极拳在美国的生根、发展做出了卓越的贡献。其主要立论有"陆地游泳说""接地之力"等。

当今，太极拳有两种不同的诉求：一为健身，二为武术。两者均有助于修身养性。

太极拳与八卦掌、形意拳、大成拳（意拳）等同属内家拳，其力学原理比一般武术复杂、较难理解，也较易失之于有形而无体，丧失其实质而不自知。其特点如下：

（1）不受年龄、性别限制，均可成就内劲，老而弥坚；

（2）人体的重力集中，重心只放在一脚，地面对人体的反作用力是单方向的，没有分力；

（3）全身的转动是一体成型的，脚底是转轴；

（4）利用地面的反作用力，全身肌肉同步起始，没有单独的关节运动；

（5）上半身肘关节没有明显的屈伸动作，从肩至手如一根曲杆般运动；

（6）大脑的意念（气）通过运动神经整合全体肌肉运动；

（7）彼不动，我不动；彼微动，我先动；后动而先至，必须有敏锐的观察力、触觉、胆识；

（8）利用别人的力量还击，四两拨千斤。

太极拳易学难成，非经名师指点，否则无法得其精髓。名师难求，且不乏"名"而不"明"者，所谓"知难行易"，正如太极拳的学习过程。当然，如跟对师傅，学到正宗的心法，往往可省下数十年的光阴，一旦豁然理解，必将势如破竹，功力猛进，或可成为太极传说中的人物，度过充实、健康的一生。

内家与外家劲力

　　曾有很多武术家不厌其烦地比较内家与外家功夫的异同。其中许多人主张，少林功夫是外家的，武当则是内家的。太极拳由于据传由武当始祖张三丰所创，自然也被列入内家的行列。此外，形意拳和八卦掌也是众人公认的内家拳，与太极拳鼎足而立。

　　事实上，不论是内家还是外家的功夫，内外的修为均普遍存在，因为武术的最高境界，在于心灵与身体的良好结合。因此，即使是少林功夫、易筋经和六合心意拳也很难说不是内家的。随着时代的演变，内在的潜移默化更受到普遍的重视，内外家的区分也就更难了。因为它不能单纯地以攻防动作的物理分析来划分，也没有确切的规格。

　　曾经有人对内家和外家的武者外貌，做了下列比较（如下页图）：

○ 眼睛：外家炯炯有神，内家则目光内敛；
○ 手臂：外家张手张臂，耀武扬威；内家则双手抱元，守住丹田；
○ 说话：外家洪亮威武，内家雄浑深沉。

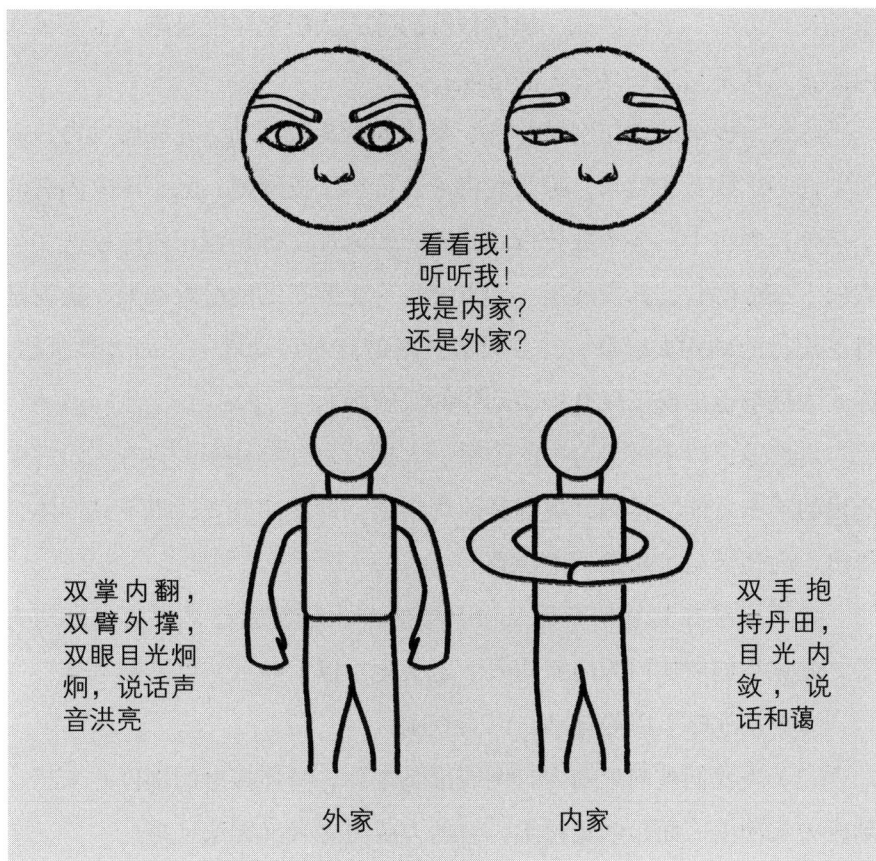

看看我!
听听我!
我是内家?
还是外家?

双掌内翻，
双臂外撑，
双眼目光炯
炯，说话声
音洪亮

双手抱
持丹田，
目光内
敛，说
话和蔼

外家　　　　内家

太极拳这种高不可测的功夫，是以脚踩地后借助反作用力来发劲的，外在动作看起来轻松自如。这种神秘的力量被后人尊为内家功夫，非大智慧者不可能创此绝技。

王宗岳的学生蒋发到陈家沟后展现太极绝技，授徒陈长兴。可能受传统观念的束缚，这十三势松柔的绝技仅止于陈家私练和密授，与带有少林色彩的陈家武功有所不同。由于陈氏家谱中对其武艺的叙述并无"太极"字眼，现行陈式第一、二路武功的"太极"两字，也可能出现于陈长兴之后。尽管如此，风格独特的陈式太极拳可能已融入了太极的内涵，尤其是与陈长兴有关的支流。

陈式太极拳的动作刚柔并济，身体如螺旋般运动，充满爆发力，吸引了许多练武者。后来，陈长兴将绝艺传给了杨露禅，除了陈家固有的拳架外，更将十三势悉数传授。其后，杨露禅之孙杨澄甫将陈家武功与太极十三势融合，并发展出一套以健身为主要目的的松柔拳架，这就是时下流行的杨式太极拳——今天最普遍的健身运动之一。因大势所趋，陈式太极拳也出现了仅有松柔动作的保健版。

自然地，以十三势为主的推手、大捋、发劲等秘密，只有入门后甄选出的弟子才能学得到，更因其原理精致，即使四肢发达也不见得体会得出，内劲更是难从拳架中学到。

然而，早在其拳架变得又慢又柔之前太极拳就已被视为内家功夫了。究竟我们应如何为内家功夫下定义呢？以下各点，可供参考：

（1）在战略上以静制动，以柔克刚；

（2）当我们被内家劲力打倒或推飞之际，身体接触的部位并未感觉到压力或冲击，而是触觉松柔，但劲力威力之大又无法抗拒；

（3）内家高手有神奇的"根"，再多人也推不动，犹若高山磐石，令人敬畏；

（4）内家高手有惊人的抗打和抗踢的能力，仿佛有"铁布衫"或"金钟罩"护身一般；

（5）内家师傅在发劲或承接外力击打时，总是笑逐颜开、轻松自如的样子，外在的动作少而静；

（6）训练的过程安静，没有电影情节中又喊又叫、又蹦又跳的情形。

"以静制动"突显了太极拳"人不犯我，我不犯人"的被动哲学。在对手处处表现出进击倾向的情况下，仍能拥有"彼不动，我不动；彼微动，我已动"的灵敏度；推人时，轻轻一触，往往可将人推飞数尺之外。种种神秘的风范与力量，让人从外在看不出太极拳真正的劲力来源，于是给予"内家"的称谓，以有别于我们习以为常的武术印象。

不过，客观而言，以静制动应该是功夫高深、观察力敏锐的表现，可以是各派武术家的武学修养之一。与其一厢情愿地认为只有内家功夫才具备这种能力，毋宁从力学的角度来比较两者的异同。

对执着于内家特色的武术家来说，如何将太极拳力学原理表现得与众不同，甚至让未曾开过眼界的人大感不可思议，不仅是一种修养，也是一份责任。然而，绝非只把招式动作打得很慢、很静，就可自诩为内家武者。要称得上内家高手，最重要的还是掌握其力学原理，使劲力在几乎没有臂部屈伸的动作下发出惊人的威力。而太极拳劲力的秘诀就在于向地球借力量，即太极大师郑曼青所谓的"借地之力"。

比较各种内家功夫，太极拳、八卦掌、形意拳、意拳（大成拳）等，其共同的特点就在于后脚向下踩，利用地面反弹的力量，如火箭般地将能量由地面推送上去，其力臂自地面起计算。此时手臂就像竹竿般，只是负责传送能量而已，即使手臂不动，在从地面传来的推力作用下，重心转移，这根"竹竿"也自然能将顶住的物体给顶出去。因此，内家的奥秘非经高人指点是很难知悉的，其训练方法更须精心设计。择师不但可影响日后对内家劲力的判断与评鉴，更事先决定了习武者日后能否成功，焉可不慎？

事实上，早在武禹襄的《十三势说略》中就已道出了太极内劲的秘密。"……其根在脚，发于腿，主宰于腰，形于手指。由脚而腿、而腰，总须完整一气……"只是，此项顶端的力学科学应用，若无明师指引，也只能自我揣摩，有智慧者或可领悟一二。最糟糕的莫过于孤芳自赏、故作姿态，却又所知有限。

以平静而灵动之心，融入四周的环境，没有任何抵抗或不安，这种内在的信念借由充分的修炼，形成了整合自我心灵与肉体的本能。

注：杨式太极拳中，共有揽雀尾的掤、捋、挤、按以及隐藏于提手上势后的肘和靠的动作；前进、后退、左顾、右盼、中定等身法则寓于拳架之中，长捋即成采；按则可运用于搂膝拗步的动作中。

气与脊椎的关系

躯体端正

太极拳动作的最基本要求，就是保持躯体的端正。当我们的身体架构都保持在适当位置时，各个神经网络得以通畅无阻，所有的器官在正常的空间里活动，气血旺盛，身体就有了健康的良好基础。这是学太极拳最基本的益处。

在医学领域中，我们不可以说脊柱是"直"的，因为脊椎在体内是呈"前（颈）—后（胸）—前（腰）—后（骶骨）"的曲度排列的，脊柱本来就不是直的。

或许古人误以为脊柱与人的躯体平行，就像衣架一样，因此习惯上说"脊柱要直"，这实质上指的是把脊柱往上撑，或把上半身撑直。

一般人因工作、读书或不良的生活习惯，脊柱或多或少都有点弯曲，造成不同程度的驼背，因此，把身体撑直了，脊柱的曲度也会相应恢复正常，所以"把身体打直"可能比"把脊柱撑直"的说法更贴切些。

太极拳动作的基本要求

1. 涵胸

放松两肩，使肩膀微向前扣，胸肌略呈紧张状态，消极意义在于防止肩臂上提或外展，保护心、肺的安全，但以保持胸、臂的灵活度为限；积极意义则在于固定肩关节，使肩臂向前推出时，即使遇到阻力，也不至于倒退。

2. 拔背

用意念将背往上拔，事实上也是将躯干伸直的意思，也就是让脊柱保持正常的位置。

3. 松肩

使肩臂的肌肉放松。测试肩膀是否放松，可用手触摸上臂的三角肌位置，如果这块肌肉是硬的，那么表示肩已抬高。肩膀肌肉僵硬影响肩、臂的灵活度。

4. 垂肘

让肘部保持下垂，即肘尖在"V"形的下端一点。垂肘与松肩是相辅相成的，两者都是用于确定肩、臂的肌肉是松柔的。如果肘部伸直了，肩部的三角肌也同样会僵硬起来，失去肩部和背部的灵活度。不过，垂肘千万不可以做成屈臂，即前臂与上臂形成 90° 的直角，如此则手臂分成了两段，劲力会中断在肘关节处，发力时将被迫用身体去冲撞，费力又危险。

同理，当我们欲将外力吸收到后脚脚底时，如果将垂肘误为屈肘，致前后臂呈直角，外力积蓄在肘关节，那么我们将被迫用身体去挡外力，危机重重。此外，肘部稍微下垂可避免肋部被攻击，这也表现出太极拳保守的一面。

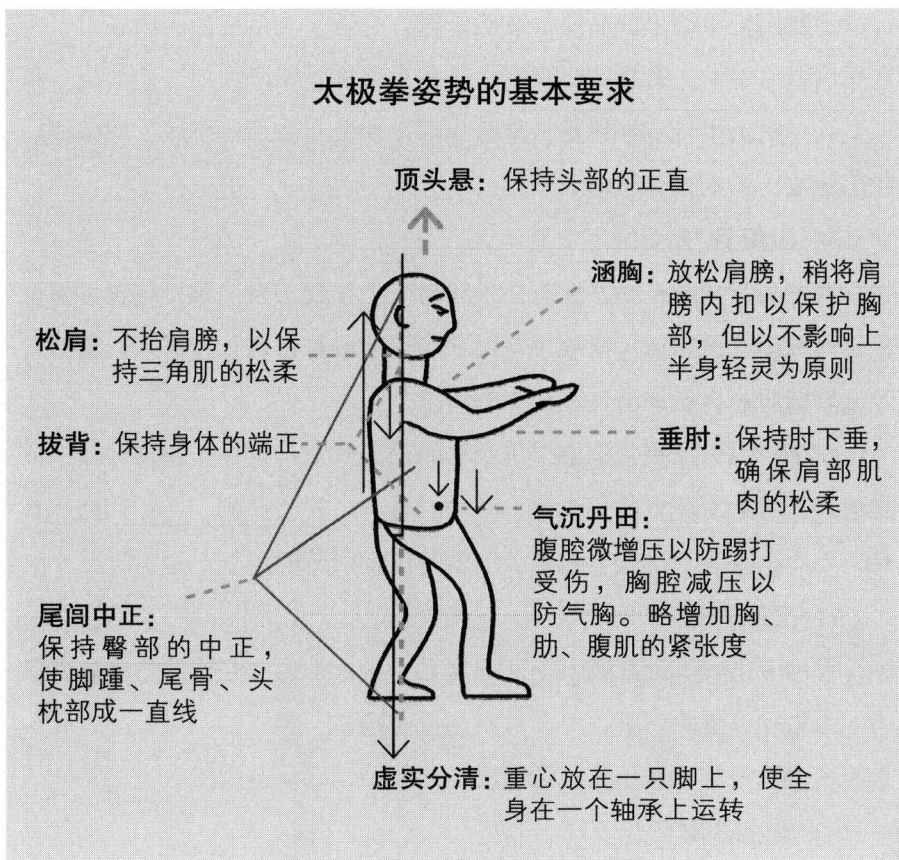

太极拳姿势的基本要求

顶头悬：保持头部的正直

涵胸：放松肩膀，稍将肩膀内扣以保护胸部，但以不影响上半身轻灵为原则

松肩：不抬肩膀，以保持三角肌的松柔

拔背：保持身体的端正

垂肘：保持肘下垂，确保肩部肌肉的松柔

气沉丹田：腹腔微增压以防踢打受伤，胸腔减压以防气胸。略增加胸、肋、腹肌的紧张度

尾闾中正：保持臀部的中正，使脚踵、尾骨、头枕部成一直线

虚实分清：重心放在一只脚上，使全身在一个轴承上运转

5. 尾闾中正

尾闾中正的原意是保持骶骨和尾骨的端正，但实际上骶骨并不是直的，而是向后微曲的，因此我们应解释为保持臀部的中正，使腰椎、骶骨、尾骨维持正常的排列与曲度，臀部的肌肉才能放松且灵活。否则臀部的肌肉会变得僵硬，髋关节也就失去应有的灵活度。

换言之，如果想确定自己的臀部是否中正，只要摸一摸臀部肌肉松不松，松则正，不松则歪。

当我们把重心坐回后腿，欲确认重心是否平均落在后脚脚底时，可利用墙壁来试验。若后脚脚跟、尾骨和头部枕骨粗隆大致与地面成一条垂直线，则上半身基本端正，重心也可平均分布在后脚脚底。臀部往后超出此线，人则很容易向后跌倒。

6. 头顶悬

保持头颈的端正，好像有一根线自天上拉起头发。颈椎端正可保证任督两脉经气的畅通。简单说，颈部端正使颈椎得以正常排列；交感神经传导畅通，自然神清气爽，头脑清晰。

反之，临床证明，颈椎错位或椎间距离缩短，椎体压迫到神经根或椎动脉，可造成严重的偏头痛、眩晕、恶心、视力模糊、肩颈酸痛、耳鸣、心悸，等等。说得玄一点，也就是任督两脉的经气不通。

7. 气沉丹田

意念上将气沉到肚脐下三寸的地方，消极的意义是适度增强腹部肌肉的张力，以保护内脏，免于被击伤或被踢伤。积极的意义是配合涵胸来使整个胸腹部和处于其中的器官受到保护，以从容应战。

8. 虚实分清

清楚地将全身重量放到一只脚上，不可由两脚分摊体重。当一脚是虚的时候，另一脚是实的，意念上应该是零比百分之百。让全身在一个轴承上运转，才能具备充分、灵活的角度，以及完整的对地面摩擦力的反作用。

一个有抱负的太极武者，应该先熟悉太极拳动作的基本要求，依照太极拳力学原理把拳架打好，这样，发劲才会有巨大的拔根威力，否则只能练成太极健身操，谈不上高深的内家功夫。

什么是气

气，无论在人文、宗教、中医，还是武术上，都具有重要的意义。依照不同的背景，可做以下不同的诠释。

○ 气是蕴藏于自然界中的能源，包括磁场、静电、阳光、辐射等。它虽然是无形的，却是无穷无尽的。原子弹的发明，更让人类深深认识到此事实，即威力最强大的东西往往是肉眼看不到的。

○ 天气的改变，以及这种变化带给我们身体健康上的影响。

○ 正邪的分际，善恶的分辨。正气代表无邪和大公无私，邪气代表偏离正道、离经叛道。

○ 气是呼吸与肌肉运动的协调过程。例如逆式呼吸，吸气时引气沿脊柱上行至头顶百会的意念，即依序沿脊柱由下而上运动背部肌肉，同时可撑直身躯，使脊柱恢复适当的排列，神经传导得以通顺，并按摩体内器官。

○ 气代表健康与精神的外观，也象征人体的免疫功能。说话声音洪亮、双目有神、面色润泽，是气足的表现；说话无力、两眼无神、脸色灰暗，是气虚的表现。

○ 气也象征心肺功能，当"上气不接下气"时，心肺功能不是很好。

○ 气代表肌肉的张力。气虚之症如疝气、重症肌无力、子宫或直肠脱垂等。

○ 气代表我们继承自父母的先天精华和遗传因子。如：人类呱呱落地，一出生即会哭；人类更年期以前都有生殖能力，即中医中所称原气（元气、真气）的表现。

○ 气是一种情绪的表现。当"怒气"冲上头部时，一个人就会冲动失控；当情绪低落时，即"垂头丧气"。

○ 气也是自主神经的功能表现。当脊椎错位或椎间距离缩短时，交感神经功能紊乱，相对位置上的器官就出现症状，叫作"气机不顺"。

○ 气是比较少见的，是一种超自然的能力。

任督两脉可以打通吗

督脉始于尾骶骨与肛门中间的长强穴，沿着脊柱而上，越过头顶，下鼻柱，止于上唇系带；任脉则起于会阴穴，沿着腹、胸中线而上，到达下嘴唇下方颏唇沟正中的承浆穴，再向上进入眼眶。任督两脉正好在身体前后的正中央线上相对，象征了中枢神经、脊神经和交感神经的功能整合。

督脉是脊神经与交感神经分布的所在，"督"的意思是统治、管理，代表它与肌肉运动和内脏功能调节的紧密关系。任脉则是脊神经前支分布所在，职司感觉与运动。每一脊神经包括躯体感觉、内脏感觉、躯体运动、内脏运动四种纤维，它与肌肉和内脏的运动有紧密的关系。

任督二脉前后相对的穴位，来自同一脊椎的两个神经系统，通过中枢神经系统的指挥协调，在器官的一前一后，互相呼应，合作无间，维系了整个生命的活动。因此，以科学的眼光来看，任督两脉的经气本就是通的，除非此人已经作古。这里我们可以将"打通任督二脉"的想法，视为古人对脊椎的正常排列与身体健康息息相关的体认，虽抽象了点儿，但颇富启发性。

人类的身体就像这个宇宙一样，关于它还有许多事情是我们不知道的。医学研究指出：人体肌肉中的毛细血管、肺脏的肺泡、大脑的脑细胞，实际用到的只不过是其中的十分之一，还有十分之九没有开发。

通过精神的放松，呼吸的调节，脊柱、横膈膜的运动，以及器官的体内按摩等，我们的气血循环更好，潜能得到开发，身体自然健康，这更突显了脊柱与气关联的重要性。这也是学太极拳和气功的首要目的。

古人虽然不知道神经是什么，却深知保养脊柱之道。"气"的观念，就像电脑执行指令的主要程序，当我们吸气时，意念想象"气"随着吸气的动作沿着脊柱而上，传达信息给该处的运动神经，以活动沿线的肌肉。背部肌肉顺序往上运动，把身体撑直了，原来曲度改变的脊柱终于恢复原状，周围神经得以正常地传递神经冲动，肌肉、血管、器官等功能终于能正常运作。这样不但能促进我们的健康，而且更能激发我们的潜能。因此，我们就不得不佩服古人的观察力与智慧了！

不过，中医经络比一般练气养生的任督脉循环要复杂许多。由针灸经穴的命名来看，最能体现交感神经对内脏影响力的，莫过于膀胱经沿脊柱两旁的穴位了，它们是各经络中唯一以器官名称命名的穴位，而任督两脉的穴名则多以其所在位置、功能上的意义命名。

任脉偏重于器官功能性的表达，督脉则着重于神志、全身神经症状。膀胱经的穴位大部分在脊柱两侧旁开一寸半和三寸的位置，针刺时向椎体方向斜刺。

现代科学研究大多主张穴位与血管附近交感神经的传导有关，而古人对交感神经、脊椎、器官功能之间的密切关系，似有相当深厚的体认，并根据观察结果，发明出一套保健的系统。

近代的中医更设计出沿脊柱旁开五分（半寸）取穴的"华佗夹脊"穴系统，这是对穴位与神经关系的再探索。针刺"华佗夹脊"穴时要斜向椎体方向扎入，这样对器官功能的调整的效果颇理想，且可避免针刺背部穴位过深可能引起的意外。

脊椎与疾病的关系

太极拳要求涵胸拔背、尾闾中正、顶头悬、神贯顶，等等，一言以蔽之，就是要求保持身体的中正，这样身体才会健康，动作才会平衡。就因为这道理太简单了，所以大家都忽视了它的重要性。事实上，即使X线检查看不出什么问题，小小的脊椎错位（轻微的滑脱）和椎间距离缩短，也会造成许多症状。尤其是颈椎，牵涉到精细的脑部和五官，多能引发严重却又查不出原因的疾病，而此类疾病的患者不计其数。这些缠斗经年的毛病，有时只要改正姿势，恢复颈椎的原貌，可以立即得到缓解。

一些临床常见的易误诊症状的真正原因是脊椎排列紊乱、错位、椎间距离缩短等，查得出原因就可能立即被治愈，查不出则可能痛苦一辈子。以下是不同的椎排列发生问题时产生的症状，其中，C代表颈椎，T代表胸椎，L代表腰椎：

1. C1（寰椎）

眉棱骨附近的头痛、整个头痛、眩晕、复视、视力模糊、眼皮乱跳、鼻敏感、痉挛性摇头不止、神经官能症、肌肉疼痛。

2. C2（枢椎）

紧张性头痛，头顶痛，眩晕，视力模糊，眼皮乱跳，神经官能症，因不平衡而被误诊为梅尼埃病、内耳病毒感染等。

3. C2-3

偏头痛、后头痛、眼球深部钝痛引起的丛集性头痛、喉头异物感、吞咽不适、打呼噜、心悸、脖子酸痛、肩背痛、耳鸣、听力减退。

4. C3–4

头痛、眩晕、脖子酸痛且紧、手发麻。

5. C4–5

手持物时突然失力、手臂或手指麻木、恶心、肩周炎、打呼噜、心动过缓、体位性低血压、血压骤升。

6. C5–6 及 C6–7

肩背紧痛、一侧手臂麻木或针刺般痛（桡侧或正中）、持物落地。

7. C7 及 T1–2

咳嗽、胸闷、气喘、一侧手臂麻木或刺痛（尺侧）。

8. T1–5

心悸、心动过速。

9. T2–6

气喘、咳嗽、过敏性支气管炎。

10. T5–8

厌食症、食管及贲门痉挛、呃逆、脘腹痛、呕吐、胃溃疡等。

11. T8–10

胰脏功能紊乱和糖尿病。

12. T9–12

肝、胆、脾、胃的症状。

13. T11–L2

肾脏、输尿管、结肠功能紊乱。

14. L1–3 及 S2–4

直肠、膀胱和子宫功能紊乱。

由此可见，脊椎排列的改变，会影响神经的传导、干扰器官的活动空间，从而引起相关部位的器官功能紊乱。气的运行象征着神经的传导。脊椎若排列不良，气的运行也就会受阻。

　　学太极拳，除了可放松紧张的心情、追求宁静寡欲的生活，还可把身体的姿势矫正过来，使气血运行通畅，减少病痛。一些欧美国家的医界人士，今天也纷纷加入练习太极拳以健身养性的行列。太极拳对身体健康贡献之多元化，是其他运动项目所难以比拟的。

心灵力量

　　气是生命的现象，也是自然界中能量的表现。气与心合，可以产生无法预期的心灵力量。它是一种期盼，也是一种信念，所谓"精诚所至，金石为开"就是这个道理。

　　在太极拳的世界里，欲感受气的存在，最简单的方法应是学习郑曼青大师提出的"陆地游泳"的理论。即使是简单的身体旋转和移动，只要我们想象四周都是水，手指舞动之处尽在水中，就可以直接感受到空气的存在。

　　我们甚至可以将两掌当作两个磁场，让它们相互吸引，手掌马上就有一股麻胀的感觉涌现。这种感受是舒适的、满足的，也是难以用言语形容的。

　　当我们将注意力集中在手掌时，就可以感觉到手掌内血液的微循环；如果同时想象双手在水中游动，就能感受到空气的流动。更重要的是，我们感觉到自己的存在与价值。掌中麻和胀的感觉可能代表血液的循环和静电感应，这种感觉在搓掌后特别明显，尤其是在加上心理暗

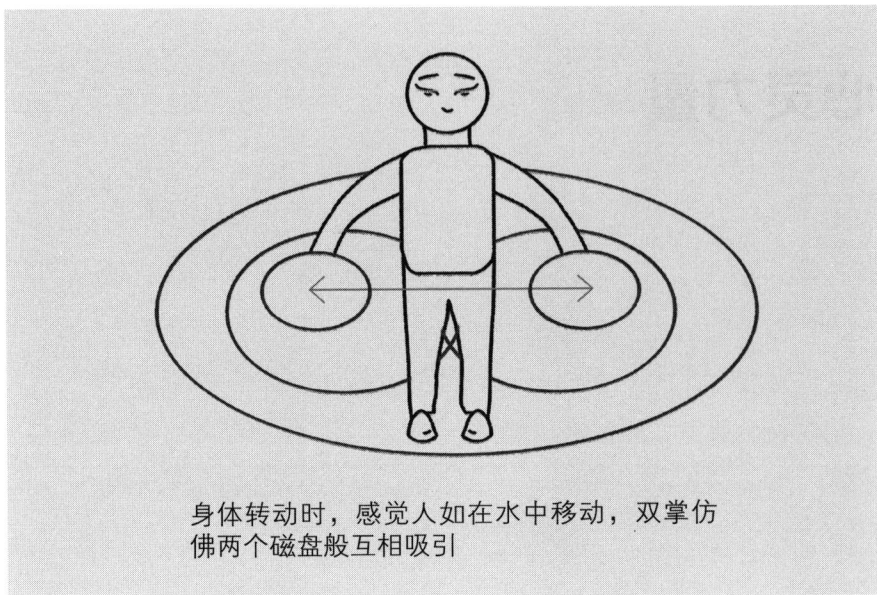

身体转动时，感觉人如在水中移动，双掌仿佛两个磁盘般互相吸引

示、认定一切为真的情形下。

　　仔细研究我们的手掌，桡、尺神经和它们的许多分支，都分布在这小小的方寸之处。再比较身体其他的地方，手掌是最灵活且脂肪层相对较薄的部分，其内的动、静脉均极靠近体表，因此我们特别容易感受到其内的血液循环。

　　当我们把注意力集中在手掌，或轻轻伸展手指时，更能清楚感受到其中的血液循环。位于第三掌指关节桡侧后方掌心横纹中的劳宫穴（屈指握拳时，中指指尖所在的位置），是手掌上最具代表性的穴位。

　　劳宫穴下深层有指掌侧总动脉和正中神经的第二指掌侧总神经，在神经、动脉并肩为邻的情形下，只要集中注意力，就可感觉到麻、胀、热了。

空气中游泳

为让人体会到气的存在，太极大师郑曼青提出"陆地游泳"的构想，亦即将陆地当作海洋，将空气比拟为海水，在陆地上的空气中游泳。这是个了不起的创见，因为只要把周遭环境中的空气当成海水，假想手指挥动之处尽是海水，那么轻舞着小手就能感受到气的存在。将这个"心法"运用到太极拳的基本训练和拳架上，就可立竿见影地收到"气聚神凝"的效果。

练拳时，全身肌肉必须放松，如难以做到，可面带微笑，自然能化

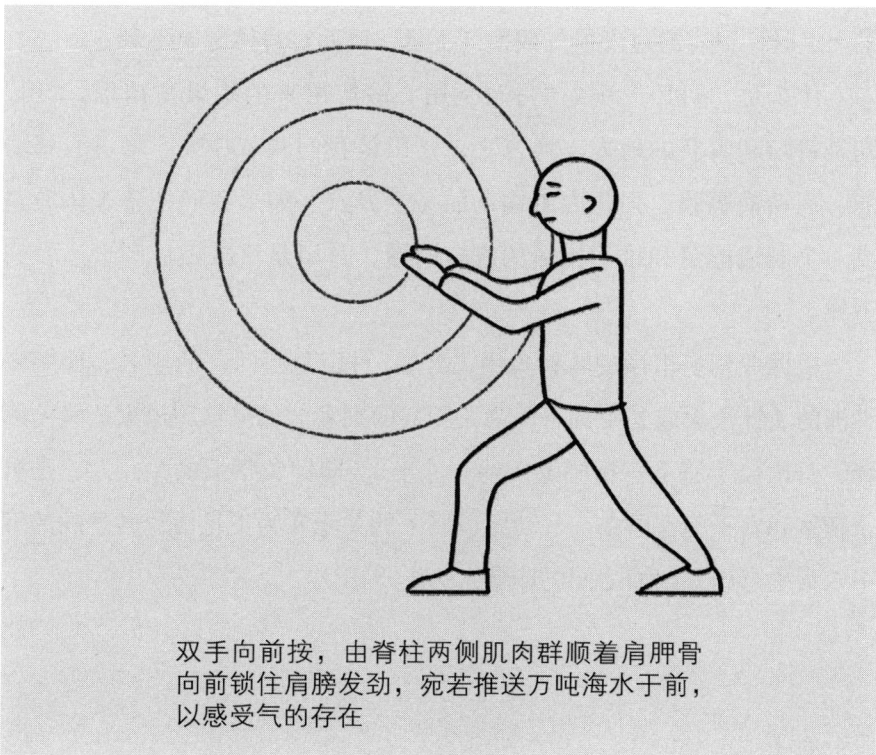

双手向前按，由脊柱两侧肌肉群顺着肩胛骨
向前锁住肩膀发劲，宛若推送万吨海水于前，
以感受气的存在

解僵硬。当我们的心灵与自然界融合在一起时，气畅通于皮肤、血管、经络之中，令人感到全身舒畅。

意守与丹田

意守是指将意念集中在身体某一处，此处是吸气与呼气动作的衔接点，并可储藏气。适度的意守应尽量配合自然呼吸，一方面随着横膈膜的上下运动，柔和地蠕动体内的脏器；另一方面强化特定部位的肌肉张力，防止外力的碰撞伤害。不过当我们过度把注意力集中在呼吸及身上某一点时，很容易过度换气或换气不足，反而对身体健康不利。

什么是"丹田"呢？"丹"是用心锻炼出来的结果与精华，"田"则是耕耘和收获的地方。换言之，丹田是我们调节呼吸、增进心肺功能、运动横膈膜、强化内脏蠕动的一个界点。如果我们把整个体腔当成一个制造能量和维系生命的汽缸的话，丹田是汽缸做椭圆形运转的下界。

根据晋朝皇甫谧的《针灸甲乙经》，丹田是石门穴的别名；明朝杨继洲的《针灸大成》则称丹田为关元穴的别名。如果依照道家炼气的解释，丹田位于脐下三指幅宽（约一寸半），即针灸学上的关元穴，是男子精室和女子胞宫所在。气功则以脐下的关元穴为下丹田，两乳间的膻中穴为中丹田，两眉之间的印堂穴为上丹田。

一、上丹田印堂穴

印堂穴在针灸学上属经外奇穴，又名"阙中"，可用来检查肺的功能。印堂穴即俗称的"第三只眼"。一般印堂穴很少用来意守，因为过度地集中注意力于此，容易头痛或发胀。高血压患者慎用。

针灸印堂穴可用来治疗头痛、失眠、鼻患，以及与脑下垂体有关的疾病。印堂穴也是我们容易感到血液微循环的地方，因为这里的肌肉很薄，而眼睛周围却分布众多的血管与神经。眼睛周围的血管包括眶上动脉、睑内侧动脉、内眦动脉，上、下睑动脉，颞浅动脉前支，滑车上动脉，面动脉等。眼睛周围的神经有额神经、眶上神经、滑车上神经、面神经等。

如果我们将注意力集中在两眼的中间，就可感觉到此地带的血液循环，眨眨眼可能感受更强烈，这可能是它成为上丹田的原因。

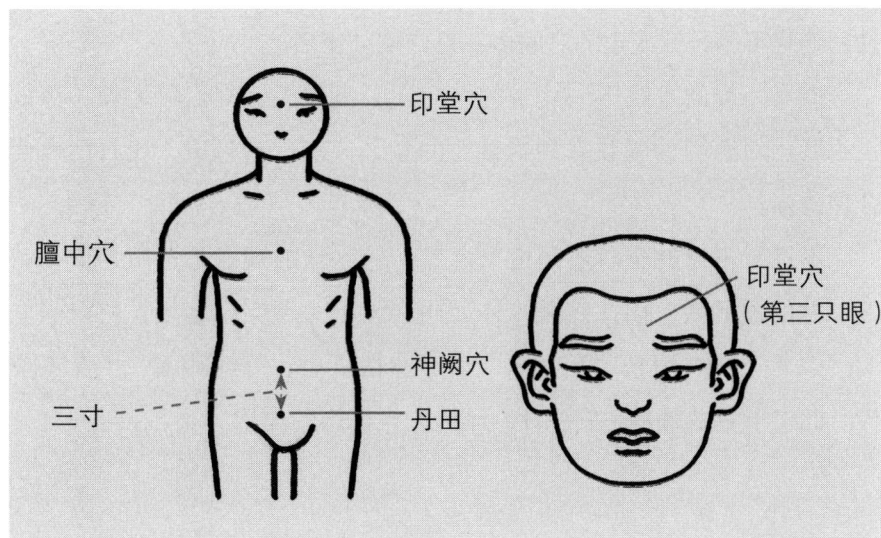

二、中丹田膻中穴

膻中穴别名"上气海"，位于两乳中间。膻中穴是针灸学上的八会穴之一，也是任脉、脾经、肾经、小肠经、三焦经的交会穴，用于治疗咳嗽、气喘、胸痛等症状。

三、下丹田关元穴

下丹田是最常用到的丹田。在针灸学上，丹田的位置并不统一，有以石门穴为丹田者，有以气海穴为丹田者，也有以关元穴为丹田者。

石门穴是任脉第五穴，位于肚脐下两寸，主要用来治下腹痛。据说针刺此穴可引起绝孕，因此似乎不可能用为丹田。另据一些医疗单位报道，针或灸石门穴二至三次，以感到子宫发胀为止，避孕效果可持续数月到终身不等，针或灸的时间多在月经刚结束后。

值得一提的是脐下一寸半的气海穴，是先天元气汇集之处，深部是小肠，对营养的吸收有相当重要的意义。以此为丹田，比石门穴要合理得多。

不过，不论针灸学还是道家炼气，较一致的观点是丹田是位于脐下三寸的关元穴。因此穴是人体元阴和元阳关藏交会之处，所以叫关元。关元穴主要用来培元固本，治疗遗精早泄、月经不调、男女不孕等。此穴唯一禁忌是孕妇忌针，因为它有催产的作用。

四、丹田在健康上的意义

当我们吸气时，想象气沿脊柱而上，至头顶百会穴，沿途将我们的脊柱撑直，使之恢复正常的曲度，使脊髓神经得以传导顺畅，器官得到适当的活动空间和蠕动。呼气时，引气下行，经过胸、腹，将气关藏于脐下关元穴的丹田所在，放松背部肌肉。在炼气养生上，丹田是下腹部呼吸运动的终点。如此配合呼吸，一上一下，一开一合，一撑一松，不但促进了我们的心肺功能，而且使各器官得以适度蠕动，脊柱曲度得到矫正、周围神经的传导也通行无阻，其益非凡，所以说"以气运身，务令顺遂，乃能便利从心"。

五、丹田在武术上的意义

在武术上仍宜以关元穴为丹田，因为它是炼气和发劲的重要部位。当我们坐下来时，位于脐下三寸的关元穴是可触及腹直肌的最低点。在解剖位置上，腹直肌起自耻骨联合和耻骨嵴，止于第五到第七肋软骨的前面和胸骨剑突，而自关元穴以降，腹直肌鞘即不再有后层，无法承受重力打击，这也是拳击比赛禁止选手攻击下腹部的缘由。

当腹部受到打击时，迅速"气沉丹田"，提高整个腹部的张力以避免内脏受伤，这是武术上丹田的重要功用之一。

传统武术的"铁布衫""金钟罩""铁裆功""武当张松溪内功"等，利用各种排打、炼气等方式来强化全身肌肉群的张力和骨骼的密度。而关元穴是下腹部用来排打的重要部位，但必须有良师指导，否则不可轻试，以免受伤。

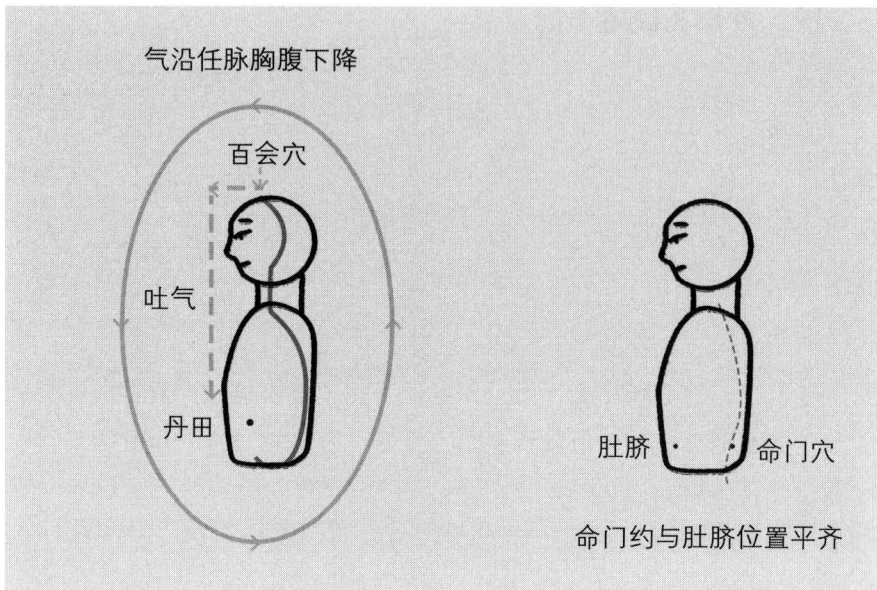

气沿任脉胸腹下降

百会穴

吐气

丹田

肚脐   命门穴

命门约与肚脐位置平齐

此外，部分内家功夫发劲时，以发声和气沉丹田的方式来提高劲力，此时腹腔压力增加，保护内脏；胸腔因发声吐气而减压，背部肌肉放松，加快了肩臂运动的速度；肩臂推出后，胸肌收缩，有保护心肺的作用。

太极拳发劲时，准备阶段先吸气，使气充满于脊柱两旁，此时肺部充气，胸腔压力增大，背部肌肉相对较紧张；发劲时吐气，胸廓回缩，背部肌肉放松，即"发劲须沉着松静"，则可迅速运动肌肉，想象气由脊柱两旁沿肩胛、肩、肘、腕至掌，顺序而出。气有效协调了整个背部和肩臂的肌肉群，使全部肌肉充分参与劲的发出，稳固地支撑肩臂关节，骨骼则有效支撑和传导劲力，所以说"心为令，气为旗""力由脊发""牵动往来气贴背，气敛入骨"。只有我们的意念、呼吸、肌肉和骨骼高度配合，才能使这种高级力学发挥得自然且强劲。

六、换气过多与不足

太极拳的呼吸强调自然法则，也就是说愈自然愈好。将太多心思放在呼吸的动作上，无形中会吸气过多或不足，造成身体的不适。过度的呼吸动作，在医学上叫"通气过度"，症状包括：焦虑、心悸、气短、胸闷、头痛、胀气、眩晕等。反过来，当我们太执着于气的运转时，也可能呼吸不足，造成通气不足，人感到疲劳、昏昏欲睡、频打哈欠等，这代表脑部缺氧，不是好现象。

当你为了大周天、小周天、气沉到哪里这个问题，出现以上状况，甚至上气不接下气、中间险些断了气时，最好的策略是忘掉关于气的一切，只要想想周遭好的事物，告诉自己："我一切都很好！"然后打一趟太极拳，寓气的耕耘于无形。当全身温暖、精神畅快时，气早已到达，何必强求！所谓"全身意在精神，不在气，在气则滞。有气者无力，无气者纯刚"，就是这个意思。

涌泉与命门

为避免学习者对气与呼吸的观念混淆，徒生困扰，太极拳的前辈们设计了一些简易的方式，舍弃传统的经络、周天的理论，用较少的意念来呼吸行气，以面取代点、线，或只用两点作基地。其中一种是，吸气时让气充盈于脊柱两侧，好像气贴到背上一样把脊柱撑直，呼气时则将气沉到丹田的周围。更简单的方式是，吸气时引气到命门穴，呼气时仍气沉丹田。也有人建议，有高血压或脑部疾患的，不论吸气时意念放到

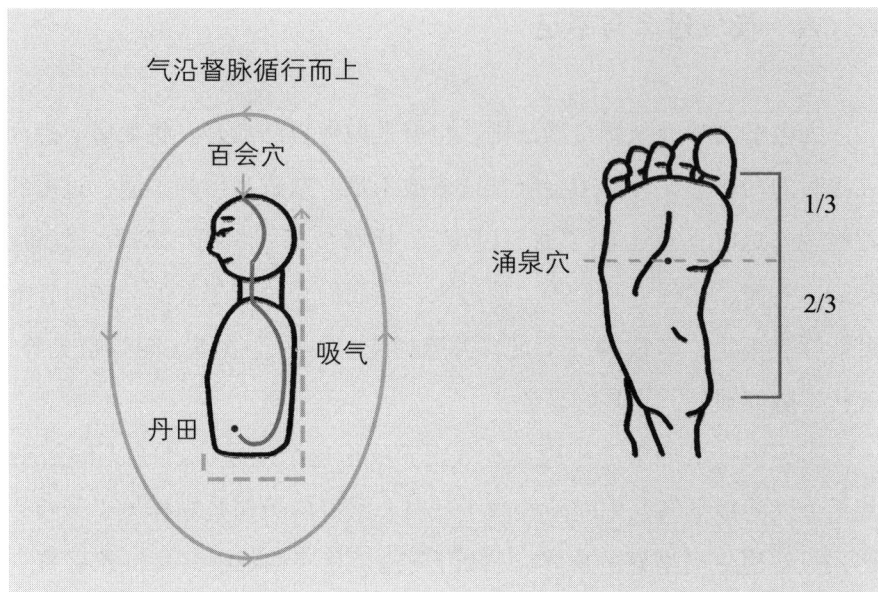

何处，呼气时都将气放到脚底的涌泉穴。

　　个人认为，了解气、呼吸、脊椎、器官蠕动、神经传导的原理，知道为何而做，比任何事都重要。所谓"知行合一"，或可免除学习过程中的许多困惑。

　　涌泉穴是肾经的第一穴，位于脚底板中央线前三分之一与后三分之二的衔接处，针灸学上可用来治疗高血压、小便不利、休克、喉咙痛等。

　　命门穴是督脉第四穴，位于第二腰椎棘突下，是生命之门，象征人体肾上腺的功能，对肾上腺功能低下、精力不足的症状，在命门穴施以灸法或按摩法，有相当的疗效。

静坐与观想

静坐不但可借呼吸来矫正脊柱姿势，调整心肺功能，更是明德静心的主要方法。只要姿势端正、呼吸顺畅，双脚是否盘坐并不重要。臀部下可放一坐垫，坐时要顶头悬，即想象有一根绳子自天上拉起自己头顶的头发，使脊柱撑直。

在武术上，舌顶上腭、咬紧牙关等动作是为了强化头部各肌肉群，以免因被打而伤及脑部，静坐修心时则不须这么做。

观想，是道家与佛家的术语，换句话说，就是想象自己获得庇佑和保护，充满幸福的感觉。你可以用各种自然景象来观想，例如：很冷的时候观太阳，很热的时候想冰山；也可以用自己崇拜或信仰的偶像来观想，甚至张三丰等都可以。或者什么都不想，只告诉自己"我很好"！当你想着自己好的时候，自然就很好。欧美流行的"心灵力量"，就是"我很好"！

在繁忙、复杂的今日世界，求得心灵的平静与身体的舒适，是人类最基本的要求。太极拳不仅是上乘的内家功夫，更给我们营造了一个安详、舒缓的心灵境界。

气与呼吸

太极拳采用自然开合式的呼吸法。当重心向前移动、手臂前伸或外展时，呼气；当重心向后移动、手臂后屈或内收时，吸气。

吸气时，横膈膜肌肉收缩下降，造成胸腔真空，胸廓扩张，同时使背肌处于蓄势待发的状况，就好像弓弦张开一般，即"蓄劲如张弓"。

呼气时，横膈膜肌肉放松上升，肺部排气，胸腔内压力减小，背部肌肉张力减小，上背部的肌肉连同肩关节至指关节被视为单一的曲杆得以快速向前按出，即为"发劲如放箭"。

气、焦点与运动协调

焦点与呼吸，在太极拳中对注意力的集中有相当大的影响。当我们发劲时，焦点透视物体，由大脑协助统合所有的运动神经，使各部肌肉得以同步向共同的目标运动。发劲后，当身体后坐时，焦点经鼻尖监视对方的动静，尤其是其两肩与下巴之间的区域，以防止对方的袭击。通常对方有任何动作时，这个三角区会先动。

以"按"为例，吸气时假想气由下而上充满脊柱，躯体往上伸直，使脊柱处于适当的位置。呼气时假想气由脊柱两旁（实际是肩胛）起，经肩、肘、腕直至指关节上。随着想象，大脑扮演了协调运动神经与肌肉的重要工作，就像是电脑的中央处理器般；气成了运动神经的冲动，它让肌肉运动起来，就像电脑工作的指令一样。意与气之所至，肌肉运动得有条不紊。注意此时从肩胛到指关节应视为一个整体，一贯作业，不能有屈肘和伸肘的动作，因为它只是用来撑住外界的物体的，以便将重心转移所产生的地面的反作用力传至对方身上。

气与声音

"哼哈"发声法是用来诱敌和辅助发劲的。"哼"是用来诱敌,"哈"则是企图以音量震撼敌人。太极拳的蓄劲是在吸气时完成的,不可能既吸气又发声,因此"哼"应是配合引劲发出的,仅占呼气前半部极短的时间。当发"哼"时从一侧给对手施以短促的震劲,使其因紧张而错估形势,往该侧抵挡,此时我方用剩下的大部分的气,以"哈"音借机发劲攻击。"哈"音用在呼气发劲之时,须张大口腔,有助于肺部的排气,以减小胸腔压力,减轻背部肌肉的紧张程度。这样,一方面可加快发劲的速度,另一方面也可震撼敌人,一举两得。由于时下对太极拳"内家"属性的憧憬,向"外"运用发声已不多见。

总结

○ "意"具有大脑协调运动神经的作用,就像电脑的中央处理器。

○ "气"是运动神经对肌肉运动的命令执行,就像电脑执行工作的指令。

注:胸廓由脊柱、肋骨、胸骨和肋间肌等胸壁软组织共同组成,底部由膈肌封闭。

向地球借力量

太极拳的劲力来源

太极拳的劲力有以下几个特色。

（一）劲力主要来自地面对人体的反作用力，亦即体重向下压后，地面反弹回来的力量。它产生压缩与反作用力的方式有两种：

（1）脚底使劲向下踩，让整个腿像活塞般地向地面施压，利用其反弹力推动身体向前或向后做直线运动；

（2）脚的位置不变，脚底肌肉原地做圆形运动，就像个转盘或石磨般，以脚底肌肉挤压地面，使地面产生的反作用力带动身体转动。但实际上脚并未转动。

（二）能量集中，没有分力。全身重量集中在一只脚上，压缩同一位置，反作用于同一方向，单重且虚实分清。因此，压缩力与反弹力集中合一，没有分力，爆发力强。

如按肌肉运动方式分析，太极拳做直线前后运动主要依靠屈大腿。

在保持身体高度不变的原则下，使劲儿做向下伸大腿的动作，则小腿对地面的压力递增，其反弹力往上传向大腿。由于身高要保持不变，大腿又非伸直不可，重心只好前移以代替上移，形成由下往上的强劲前推的力量。

　　太极拳圆形运动的分工较复杂，它靠小腿发动足部内翻或外翻的力量启动和加速（速度），同时利用髋关节的灵活性加大旋转的幅度（力臂）。由于脚底与地面相连，且全身重量都加在这一只脚上，内翻或外翻均受到地面阻挠，因而不断产生地面的反作用力，这个力带动了整个腿的反向转动，亦即足部的外翻造成大腿的内旋，内翻则助长外旋，如此反而与大腿的旋转方向一致，髋关节则加大旋转的角度，带动了整个躯体的旋转，好似龙卷风般。这与一般纯粹用髋关节及其肌肉群来扭动

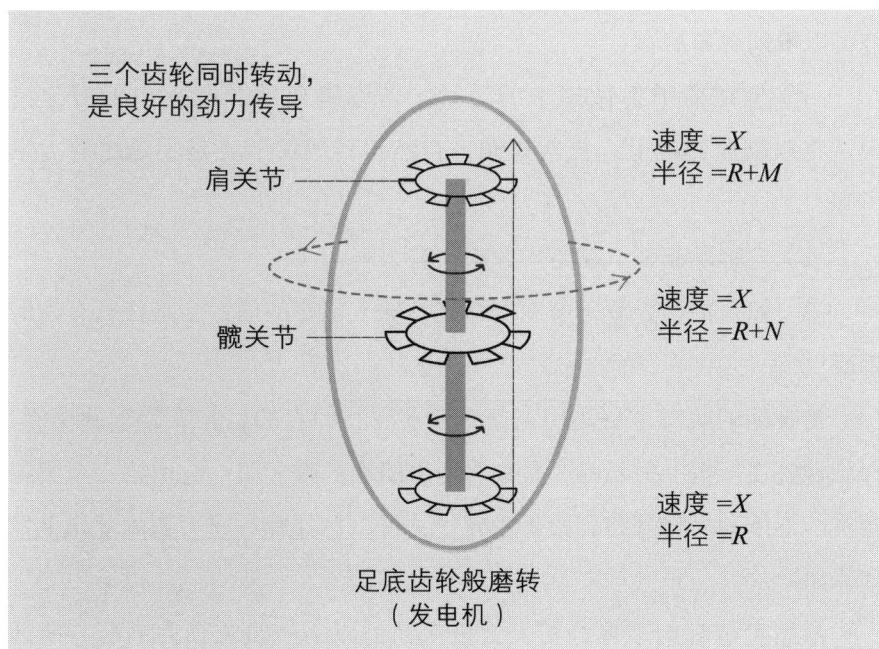

三个齿轮同时转动，
是良好的劲力传导

肩关节

速度 =X
半径 =R+M

髋关节

速度 =X
半径 =R+N

速度 =X
半径 =R

足底齿轮般磨转
（发电机）

全身的原理和效果不同。

　　整个磨劲的产生程序相当复杂，因此最好将意念放到所有肌肉运动的终点，即足底，使各部的协调以最后的目的地为依归。"心法"的不同，往往在不知不觉中使武者的成就产生差异。

　　或许有人会质疑，为什么是用足底来发动全身的旋转，而不是髋关节或腰部？其实道理很简单，就好像为什么我们不用脚趾头弹钢琴一样，什么样的工具做什么样的活儿。小关节活动所需的能量较少，关节多，分工细，动作灵活，速度也快。

　　臀部的肌肉厚重，关节少且构造简单，又有上身、下肢的束缚，启动慢，加速度也不理想，这个大齿轮自然没有脚下的小齿轮轻快了。何况脚底承受全身的重量，可以顺理成章地成为全身重力的"代言人"，从地面返回的能量自然是最大且最集中的。

　　事实上，任何武术或多或少都需要借地之力。从下列的问题中，或许可以得到更多启示：

　　（1）坐在椅子上做挥拳的运动，若双脚离地，则挥出的力道有限。将双脚放到地上，再次挥拳，自然扭转髋关节，是不是更有力量了呢？

　　（2）双脚跳起来，在空中挥拳，有力吗？

　　（3）如果把世界拳王争霸赛移到月球上比赛的话，会是什么有趣的画面！

　　腰腹部的肌肉主要是用来使脊柱前屈和伸直的，并无旋转的功能。与旋转勉强扯得上关系的，是列为下肢肌肉的腰大肌，它由第一至第四腰椎的椎体和横突分布到股骨小转子，可以在外旋和屈大腿的动作上发挥作用。

　　依照生理解剖学来分析，太极拳劲力以下肢肌为劲力来源，所涉及的下肢肌包括髋肌、大腿肌、小腿肌和足肌，其组成与运动分工如下。

一、髋肌

（1）髂腰肌。属髋肌前群。包括髂肌和腰大肌两部分。主要作用为屈大腿、外旋大腿。

（2）臀大肌。属髋肌后群。主要作用为后伸和外旋大腿，防止躯干倾斜。

（3）臀中肌、臀小肌。主要作用为外展大腿。

（4）梨状肌、闭孔内肌、闭孔外肌、股方肌属髋肌后群。主要作用为外旋大腿。

二、大腿肌

（1）缝匠肌。属大腿肌前群。主要作用为屈大腿，内旋小腿。

（2）股四头肌。属大腿肌前群。主要作用为伸小腿，股直肌并可屈大腿。

（3）阔筋膜张肌。主要作用为屈大腿、伸小腿。

（4）耻骨肌、股薄肌、长收肌、短收肌、大收肌。属大腿肌内侧群。主要作用为使大腿稍外旋。

（5）股二头肌、半腱肌、半膜肌。属大腿肌后群。主要作用为屈小腿、伸大腿，协助臀大肌伸直躯干。

三、小腿肌

（1）胫骨前肌。主要作用为屈足背和内翻。

（2）腘肌。主要作用为屈小腿、内旋小腿。

（3）胫骨后肌。主要作用为使足跖屈和内翻。

（4）腓骨短肌、腓骨长肌。主要作用为使足跖屈和外翻。

下肢肌肉与太极拳劲力间的关系

一、直线劲力

（1）将重心放在一只脚上，全身重力压缩地面产生反作用力。

○ 屈大腿：髂腰肌、缝匠肌、股直肌、阔筋膜张肌。传导全身重力至地面，蓄劲。

○ 屈小腿：小腿三头肌（腓肠肌、比目鱼肌）、腘肌、股二头肌、半腱肌、半膜肌。传导全身重力至地表，蓄劲。

（2）重心前移，后脚向下踩。

○ 伸大腿：股二头肌、半腱肌、半膜肌、臀大肌（后伸大腿）。放劲。

（3）重心后移，前脚向下踩。

○ 伸小腿（前脚）：股四头肌、阔筋膜张肌。向下踩，向后拔；捋或採。

（4）背部发劲前的准备动作，即"牵动往来气贴背"。

○ 略提肩并拉肩胛骨向内：斜方肌（起自上项线、枕外隆凸、项韧带、第七颈椎和全部胸椎的棘突，止于锁骨外三分之一、肩峰、肩胛冈）。

○ 略牵动肩胛骨向内上：菱形肌（起自第六、七颈椎和第一至第四胸椎棘突，止于肩胛骨内侧缘）。

○ 吸气、提肋：上后锯肌（起自第六、七颈椎和第一、二胸椎棘突，止于第二至第五肋角外侧面）、肋间外肌（起自肋骨下缘，止于下位肋骨的上缘）。

○ 略上提肩胛骨：肩胛提肌（位于肩胛内侧角，起自上四个颈椎的横突，止于肩胛骨的上角）。

○ 伸直脊柱：竖脊肌（起自骶骨背面和髂嵴后部，向上分出髂肋肌、最长肌、棘肌，沿途止于椎骨和肋骨，向上可到达颞骨乳突）。

（5）整个肩关节向前内略下方拉出，力由脊发。

○ 沉肩：斜方肌（同上）。

○ 肱骨略内收：背阔肌（起自下六个胸椎的棘突、全部腰椎的棘突、骶正中嵴及髂嵴后部等处，止于肱骨小结节嵴）、胸大肌（起自锁骨内侧半、胸骨和第一至第六肋软骨，止于肱骨大结节嵴）。

○ 降肋：下后锯肌（起自第十一、十二胸椎和第一、二腰椎，止于第九至第十二肋角外面）、肋间内肌（起自下位肋骨的上缘至上位肋骨的下缘）。

○ 肩胛骨向前下拉：胸小肌（起自第三至第五肋骨，止于肩胛骨喙突）。

二、圆形劲力（全身的同步旋转）

（1）启动与加速（脚底磨劲）。

○ 足部内翻，腿部外旋：胫骨前肌、胫骨后肌。

○ 足部外翻，腿部内旋：腓骨短肌、腓骨长肌。

（2）增长力臂（髋关节运动）。

○ 内旋大腿：缝匠肌。

○ 内旋小腿：腘肌。

○ 外旋大腿：髂腰肌、臀大肌、梨状肌、闭孔内肌、闭孔外肌、股方肌。

○ 稍外旋大腿：耻骨肌、股薄肌、长收肌、短收肌、大收肌。

（3）手臂的缠丝（劲力仍以脚底磨劲来启动和加速，以髋关节扭转来扩大能量）。

以右臂和左腿为例：

○ 右臂内收时（不论顺逆），左腿外旋；

○ 右臂外展时（不论顺逆），左腿内旋。

以右臂和右腿为例：

○ 右臂内收时（不论顺逆），右腿内旋；

○ 右臂外展时（不论顺逆），右腿外旋。

太极拳力学原理是通过实践来体会的。尽管今日大部分太极武者不知道太极拳真正的劲力来源，但借助精妙设计的训练体系，明师们仍可调教出一流的太极高手。

未能入门习艺的，只好自我揣摩。智慧高人一等的，或可顿悟其中诀窍。资质较差的，则把太极拳变成摔跤或体操，失去其实质。也有因认知的错误，把太极拳过度玄化，使武道沦丧的，令人感到遗憾。

太极拳劲力的基本分类

（1）缠丝劲和抽丝劲。

（2）圆劲和直劲。

（3）长劲和短劲。

（4）拔根劲与沉劲。

（5）凌空劲（心理劲）与接触劲（物理劲）。

陈式太极拳的缠丝劲

陈式太极拳是目前所有太极拳拳架的原型，以刚柔并济和强烈的腰腿扭力为特色。其用劲方法似给钟表上发条般，先向一侧拧紧，然后迅速地反向放松，来回运动，爆发力强，如龙卷风般，因此被称为缠丝劲。

缠丝劲可视为一种圆劲，因为它的动能主要来自大腿与小腿协调一致的内旋或外旋。由于它速度快，且柔中有刚，因此需要强而有力的腿部和脚部的肌肉，肩臂部的快速摆动、肘击也需要以坚实的肌肉为后盾。技击时，肌肉放松，为加速做准备，撞击的一刹那，肌肉收缩，达到制胜的目的。

要加快缠丝劲的速度，关键在于脚底的磨劲，即小腿肌肉快速促成足部的内翻或外翻，其反弹力加速启动旋转；缠丝劲要有威力，需要强而有力的髋关节来增大来自地面的反弹旋力。

又快又具爆发力的陈式拳架，一定是将重心放在一只脚上。因为如果另一只脚也分担体重，则该侧的膝关节和髋关节受到该侧踝关节的牵

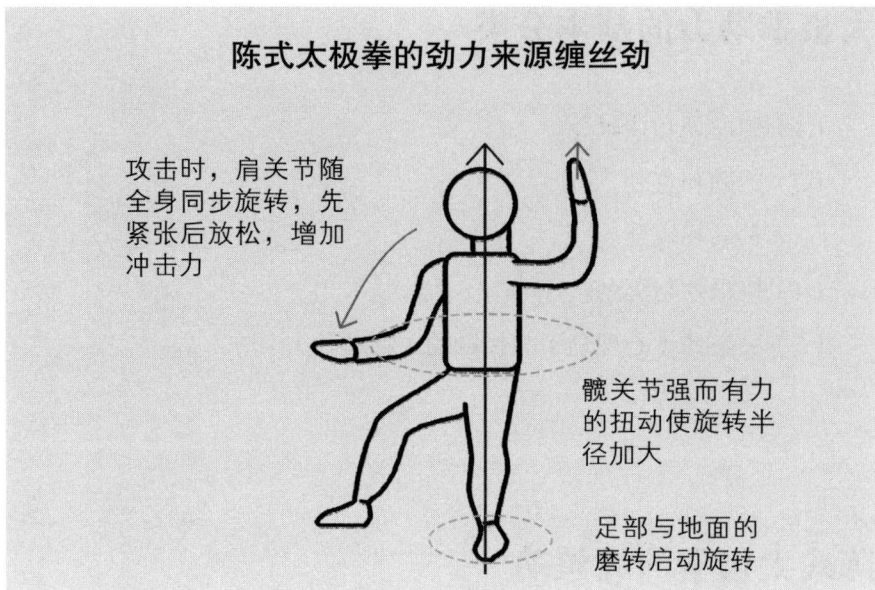

陈式太极拳的劲力来源缠丝劲

攻击时，肩关节随全身同步旋转，先紧张后放松，增加冲击力

髋关节强而有力的扭动使旋转半径加大

足部与地面的磨转启动旋转

制，将失去应有的灵活度。只有将全部重力放到一只脚，由一个轴承来旋转以激发合而为一的能量，才能发挥陈式太极拳的特色。

陈长兴在《太极拳十大要论》中指出："……至于气之发动，要从梢节（足）起，中节（膝）随根节（胯，即髋关节）催之而已。"此外，陈鑫在《陈氏太极拳图说》中述及"掩手红捶"的动作时指出，右脚应奋力向地面踩下去，犹如踩重物般。

以上说明，陈式太极拳以脚部下踩产生的反作用力为劲力来源，符合太极拳力学的原理，其劲力的训练可从拳架中获取，尤其是与陈长兴、杜育万有渊源的流派，因为他们二人的太极十三势均师承蒋发。虽然陈式太极拳中并未涉及太极十三势，但从其拳架看，多少可窥见太极拳力学的身影。如练拳效果出现差异，恐怕是个人体认上的偏差或师资的良莠不齐所致。

杨式太极拳的抽丝劲

杨式太极拳基本上承袭了陈式太极拳的架构，只是在动作上将原来陈式武功中的圆形劲力大幅删减，突显了太极拳的直线劲力。直线劲力来自小腿的先屈后伸，将全部体重集中于一脚，借地面的反作用力转移重心。一前一后，一来一往，力量集中，没有分力，动则将人连根拔起，故称为抽丝劲。

假设将体重放到位于后方的左脚上，当我们略屈左大腿，把全身重量放在整个脚底板下时，体重对地面产生的压力最大。如在身体高度不变的前提下，欲伸直左大腿，由地面返回的反作用力势必将身体往上

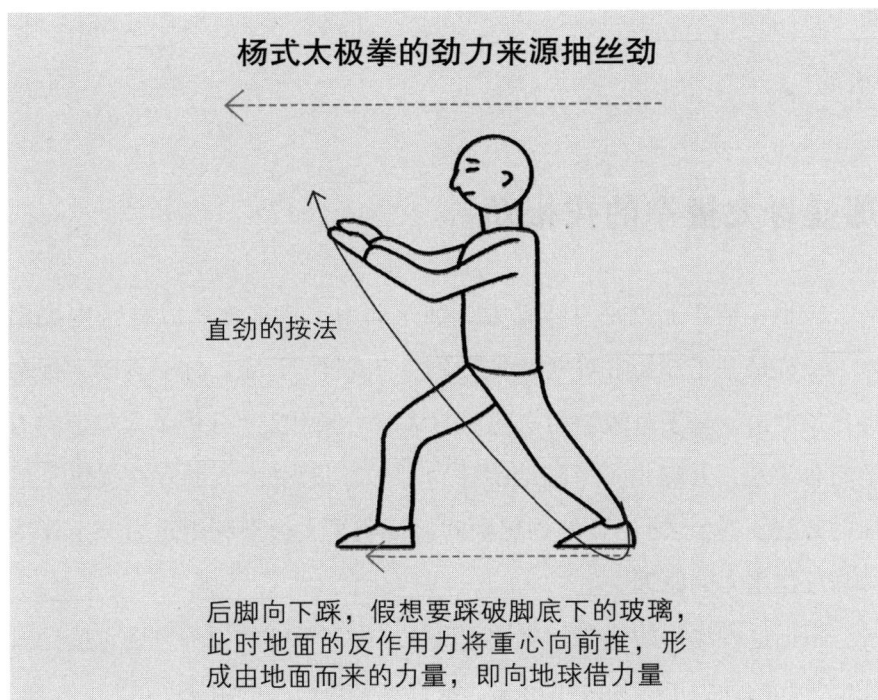

杨式太极拳的劲力来源抽丝劲

直劲的按法

后脚向下踩，假想要踩破脚底下的玻璃，此时地面的反作用力将重心向前推，形成由地面而来的力量，即向地球借力量

顶，使身体站立起来。为了不让身体浮升，只好将这股巨大的反作用力，借重心往位于前面的右脚方向移动、向上发放，其威力就像火箭发射般强大，这就是太极拳劲力可以将人连根拔起的原因。

这样精妙的力学运用，即使物理学博士也不见得想得通，这其中蕴藏的智慧是多么令人敬佩！

不过这种高超的力学运用模式，从外表上看，跟一般的身体移动并无两样，因此，只凭一个人拳架标不标准、漂不漂亮来评定其太极拳练得好不好，是很不适当的，且容易误导大众对太极拳的认知。

杨式太极拳与陈式太极拳的不同之处在于，陈式太极拳仍保留其劲力的实质于拳架中，杨式太极拳则在几经修改后，以松柔为主、以健身为目的。欲学得杨式太极拳的抽丝劲，必须经过师傅的特别首肯，辅以拳架以外的许多训练才能达成。

郑曼青太极拳的拔根劲

拔根，事实上就是直线劲力或抽丝劲力。拔根之所以被特别提出来，或许是基于郑曼青对太极拳的贡献与成就的肯定。郑曼青的太极拳得自杨澄甫，基于对医学和物理学的认识，他用文字分析了太极拳的力学与哲学观，并提出了"陆地游泳"，对如何感受大气的存在提供了最佳的方法。"接地之力"的构想则间接说明了太极拳利用重力产生作用力与反作用力的原理。

根据这种深切的体会，郑曼青设计出许多精细的训练方法，使让人连根拔起的劲力更容易练得出来，或许这是拔根劲的由来。

郑曼青太极拳共三十七式，对直线和圆形这两种劲力的训练均有严格的要求，故学习起来较慢，但劲力可从拳架中直接获得。

沉劲

沉劲是从直线劲力中发展出的附加艺术。

将重心放在前脚（假设是右脚），屈右大腿，将体重平均放到整个脚板上，然后右脚用力往下踩，右腿似做伸直的动作，此时地面将产生强大的反作用力。这股巨大的力量往上冲，欲使身体向上升浮。此时要保持身体的高度不变，则只好借重心后移将这股能量往后带。如果此时

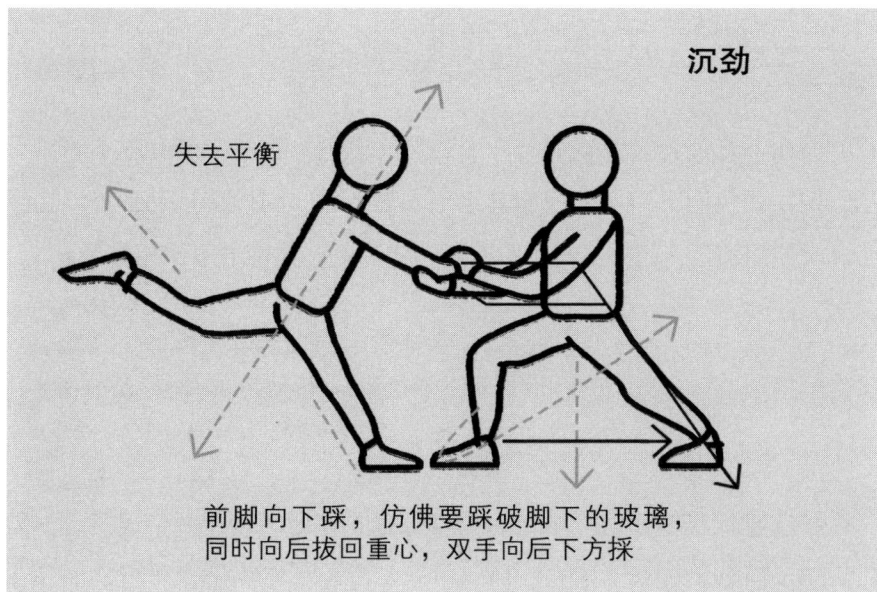

沉劲

失去平衡

前脚向下踩，仿佛要踩破脚下的玻璃，
同时向后拔回重心，双手向后下方採

正逢对方冲向我方，我则可控制住其肘和腕关节，利用来自地球的反作用力，在身体向后移动的最后阶段，将重心往后下方略沉，即可猛然将对方连根拔起。这种劲称为沉劲。

当对手的姿势和重心都很低时，也可将对方身体往后下方按，令其体重通过其小腿向下压而产生反作用力，使其重心浮升，我便可乘虚而入，将其连根拔起。这就是武禹襄在《十三势说略》中所说："如意要向上，即寓下意。若将物掀起，而加以挫之之力。"

直劲与圆劲

大部分太极拳架动作，事实上都整合了若干直劲和圆劲。以掤劲为例：后脚下踩产生的反作用力将重心往前移动，这是直劲；重心移到前脚后，磨转脚底，利用地面的反作用力使全身转动，做出掤的动作，这是圆劲。

至此，有关太极拳直线与圆形劲力的原理，我们应该有基本的概念了，现在让我们再用实例说明其运用。如下文，同样是挤劲，可以在近距离时使用圆劲，而在有足够空间可以转移重心的情形下使用直劲。

一、直劲与挤法

挤法是太极拳最高明的一种力学原理，在时间紧迫的情况下，只需以一手的手背贴住对方胸口，另一手手掌叠在该手掌上，借重心的转移

挤与按的原理相似，没有明显的伸肘动作，而是力由脊发，由脊柱两侧肌肉群开始，注意劲力来自后脚踩地所得到的反作用力，吐气，顺着肩胛—肩—肘—腕—手按去，从肩胛到手成为一整个曲杆，而不是四五个曲杆

直劲表现出的挤法

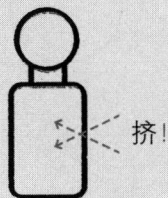

挤！

仍向地球借力，速度快而力臂短的为短劲，速度稳而力臂长的为长劲

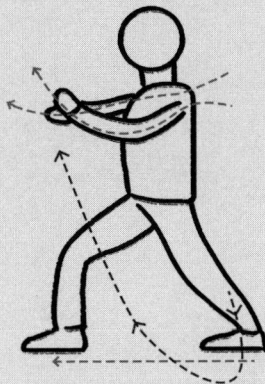

圆劲表现出的挤法

前脚脚底原地磨转（不移动脚），同时地面对人体产生反作用力

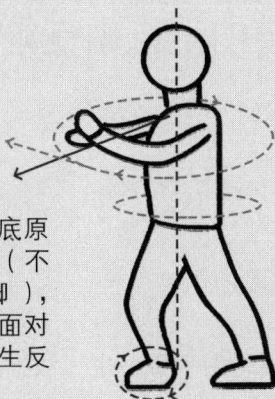

全身围绕同一个轴心旋转

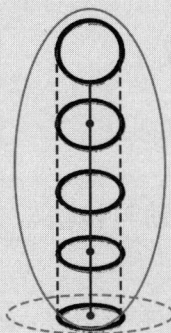

全身上下只有一个动作

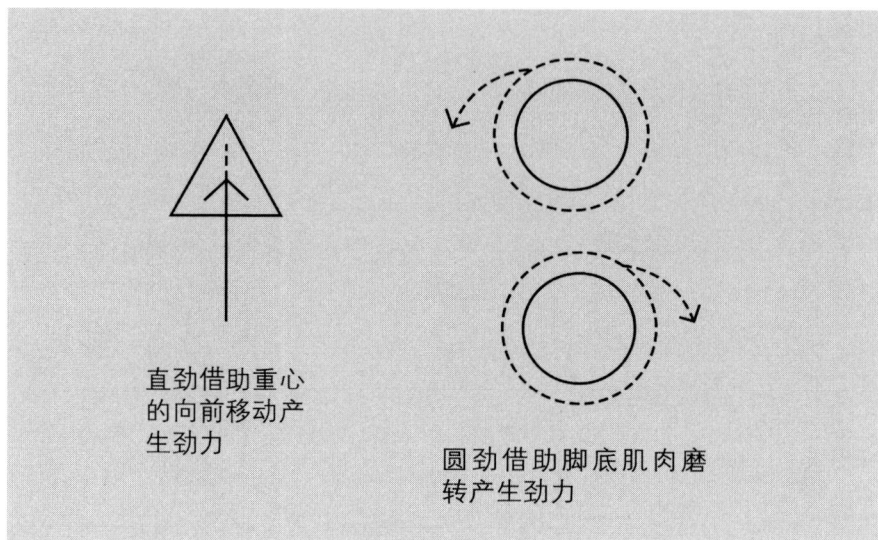

直劲借助重心的向前移动产生劲力

圆劲借助脚底肌肉磨转产生劲力

将用后脚踩地得到的反作用力往前送，同时由脊柱两旁送气（发动整个上背的肌肉群），经两侧肩臂（固定住肩臂关节）、两肘、两腕顺序发劲，一加一等于二，两分力合一，将这股来自地球的反作用力经肩臂（如竹竿般撑出）发出。这样的劲力往往可将对方震飞数尺之外（长劲），或震坏其心脏（短劲）。

二、圆劲与挤法

当敌我位置太接近，既无法有效运用手臂，也无法抽身之际，可用挤法。双掌相叠，就地运用重心所在的前腿，使劲让足背快速内翻或外翻式地原地磨转，利用地面的反作用力快速旋转全身，同时配合大腿肌肉的内旋或外旋以及髋关节的灵活旋转，加大旋转的角度与速度，猛然挤压对方胸口，出奇制胜。

这种劲法从外表上看，好似只是举手之劳，没有上臂的大动作，故也被称为"寸劲"。伤者往往外表皮肌无损，其实内脏已因猛烈的震动而受损伤。

长劲与短劲

长劲与短劲是以劲力的力臂与发劲目的来区分的。长劲的力臂长度通常超过受力者的重心线，其目的在于移动该物体（对方），使其飞跌出去；

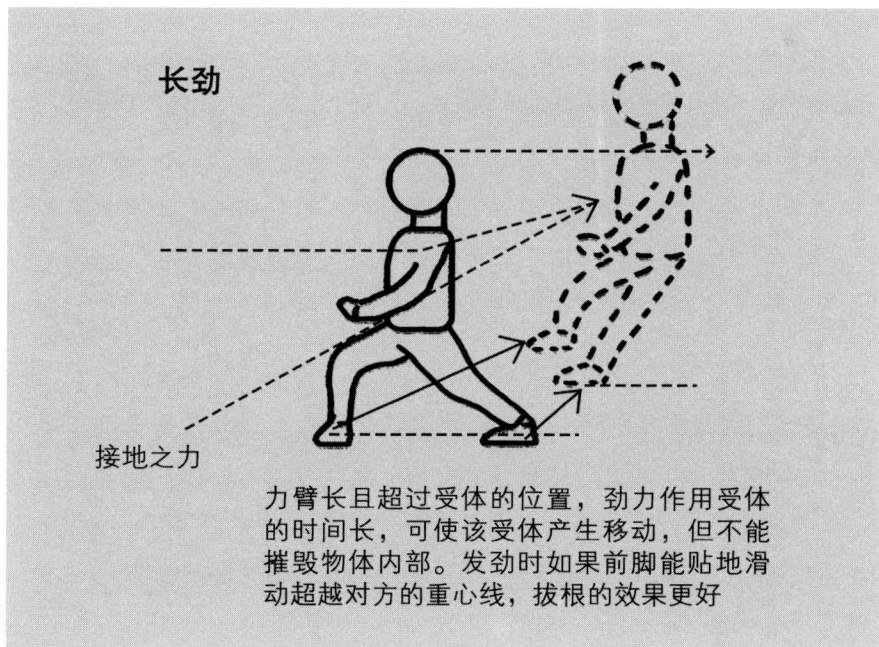

长劲

接地之力

力臂长且超过受体的位置，劲力作用受体的时间长，可使该受体产生移动，但不能摧毁物体内部。发劲时如果前脚能贴地滑动超越对方的重心线，拔根的效果更好

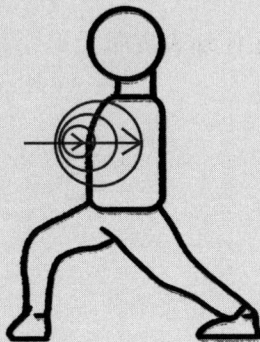

短劲

发劲时重心的移动或转动速度快且用时短，与上身的力由脊发务
必同时到位。可以通过吐气协调上下劲力同步运作。
短劲传入受体的速度快、时间短，力臂也短，能够摧毁受体的内
部，但不移动其位置。若速度足够快，能量大过受体所承受的，
仍可如地震般震倒物体，唯移动距离比长劲短许多

短劲的力臂长度不超出受力者的重心线，其目的是摧毁物体的内部构造，
更具杀伤力。

举例来说，放一枚硬币在拳头的虎口上，若我们整个将该拳头连同
硬币推出，则硬币向前飞出；若我们只是快速轻震拳头一下，则硬币就
原地掉落。

短劲因出手就要伤人，实用性反而不高。短劲在各家太极拳中以陈
式太极拳用得最广泛，可从拳架中学到许多运用。杨式太极拳则在拳架
之外另有练习，但以运用长劲发人至数尺之外见长。

凌空劲

凌空劲是太极拳中最具神秘色彩，也最受争议的。其特点是不需要接触对手即可发之于数尺之外。

以科学的思维来看，不接触人却又能让人跌出去，根本是不可能的，但很多人都目睹过而不得不信它。事实上，凌空劲的劲力并非物理性的，心理的震撼力扮演更重要的角色。

笔者曾访问几位据称可以隔空发劲的气功师和太极师傅。一位气功师可以隔空指挥，让病人看着他手势做动作，要转就转、要跪就跪。但他却无法让初次见面的人也照常听令行事。另一位太极大师的弟子亲口承认，其师傅的凌空劲虽厉害，但这种劲力只对师门内的弟子有效。

在笔者看来，前者类似于中国式的催眠术，被催眠、指挥，与气功治病的效果并不能画等号。后者则肇因于"受伤恐惧症"，因为学生没有根，无法化解劲力，且老师的劲力太大，只要被重重地摔飞几次，就会产生恐惧心理，就像"恐物症"般，心理的期待造成先期的过度反应。久而久之，这种期待成为一种默契，在学生的内心世界里，这不是假的；但对尚未被摔怕的人，或练而有根的武者来说，缺乏了这份恐惧与期待，凌空劲自然无法适用。

胯与髋关节

在太极拳的学习过程中，经常可以听到"坐胯"这一术语。"胯"是指髋关节，由髂股韧带、耻股韧带、坐股韧带等连接髂前下棘和股骨

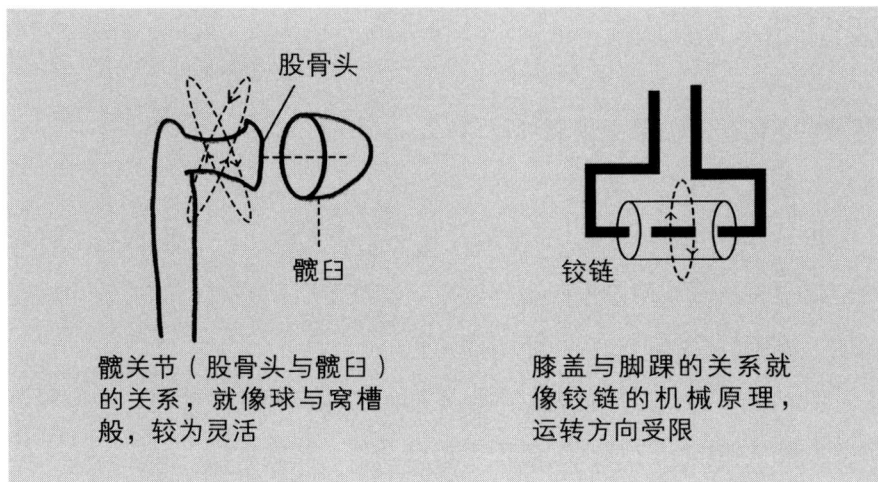

髋关节（股骨头与髋臼）的关系，就像球与窝槽般，较为灵活

膝盖与脚踝的关系就像铰链的机械原理，运转方向受限

的大转子及小转子，将髋骨与股骨紧密地连接在一起而成。髋骨是由髂骨、坐骨、耻骨结合组成的，髋骨外侧有空碗状的髋臼。髋关节是由髋臼和股骨头构成的，关节腔内有股骨头韧带将两者联结起来，关节囊内有滑膜和黏稠的滑液，使关节能负担屈、伸、展、收和旋转的工作。

"坐胯"的意义：

（1）放松大腿的股四头肌群，屈大腿使髋关节获得充分的灵活度；

（2）膝盖微屈，不超过趾尖，使体重平均落在脚底板的肌肉上，取代直立时体重主要落在踝关节上的情况；

（3）屈小腿，使小腿肌群处于紧张的状态，以蓄劲待发。

主控"胯"的股四头肌群包括：股直肌、股外侧肌、股中间肌和股内侧肌。它们一起负责膝盖的伸直。

股直肌是跨越髋关节和膝关节的肌肉，从髂前下棘后面起向下插入膝盖中，负责伸直小腿、弯曲大腿。当股直肌收缩时，膝盖就伸直，小腿伸出；当股直肌松弛时，小腿屈而膝盖弯。将股直肌放松，可让髋关节获得更大的灵活度，是坐胯的目的之一。

三尖

三尖是在发劲、蓄劲和走化时，检查自己重心是否超出极限的概略标准，分"前三尖"和"后三尖"。

前三尖是指鼻尖、前脚膝尖、前脚趾尖。即当我们发劲攻击对手时，膝盖不能超出趾尖，超出则重心线落于脚前，对方用手一拉，我们就会失去平衡而落败；若鼻尖超出趾尖和膝盖的垂直连线，表示颈椎前倾太多，一样容易失去平衡。平常在盘架子时，我们就必须随时注意到这三尖是否对齐，养成良好的习惯。

后三尖是指后脚踵尖、骶骨尖、枕骨尖，这是重心后坐时的极限。在我们屈膝后坐、重心落在后脚蓄劲待发时，或当我闪避攻击向后走化之际，如果臀部的尾骶骨尖超出了后脚踵尖，重心即落于后脚之后，对手只要加把劲儿将我们往后推，我们就可能应声而倒。同样的，重心移到后脚时，若枕骨尖（头后部中央突出的骨头）超出了骶骨尖与踵尖的连线，则表示颈椎已经向后弯曲，上半身会变得僵硬，且处于失衡的危机中。

太极拳、合气道与柔道

　　鉴于上述分析，我们可以知道太极拳的原理是多么精致巧妙。与合气道相较，两者或许在运用上有许多类似的地方，例如：採、挒、捋等，但在力学原理上，太极拳要细致很多。合气道基本上是以身法、步法、擒拿为主，太极拳的发劲则蕴藏了巨大的爆发力。若能在劲力、技巧、体能和纪律等方面下苦功，由相关机构视为珍宝般地大力提倡，太极拳定能发挥更大的国际影响力。

　　柔道虽柔，但其立论于寻求人体重心上的支点以将人摔倒，所以一方基本上要背负另一方一部分或全部的重量，由于脊椎错位引起的腰背酸痛和各类伤害屡见不鲜。而练习要求脊柱端正的太极拳却鲜少发生脊椎问题，反而有很多人因其他运动受损而改习太极拳疗病。

　　我们知道，脊椎的排列与健康息息相关。太极拳对改善脊椎问题有很大帮助，这是公认的，更因其习练方式讲求松柔，使练习者老而弥坚。这是太极拳的傲人之处。

　　注：肩关节由肱骨头和肩胛骨关节盂构成，关节腔内有肱二头肌长头腱通过，因此实际上包括肩胛与肩膀。

太极拳的步法与身法

行走中的劲力

要学得太极拳真正的劲力，就要先了解其原理，这是最基本的，也是最重要的，其中首推直线的"走路"与圆形的"转身"。这些都是日常生活中天天要做的"例行公事"，任何人都免不了，除非他有病不能活动。

那么，要怎样走路、怎样转身，才走得出、转得出劲力呢？答案就是郑曼青所说的——"接地之力"！也就是说，让自己的每个动作都尽最大可能令地面产生尽可能大的反作用力，向地球借力来运动。

武禹襄在他的《十三势说略》一文中，对太极拳的神秘力学原理有精辟的诠释："……其根在脚，发于腿，主宰于腰，行于手指。由脚而腿、而腰，总须完整一气，向前，退后，乃能得机得势。"

住在地球上的我们，无时无刻不受到地心引力的影响，否则就会像太空漫步般，走起路来轻飘飘的，那时候就算是日本相扑的重量级比赛，

前进、后退都假想要踩破脚底的玻璃，前进如火车行驶在铁轨上，后退如拔河。行走时需保持绝对平衡，以保持脚与地面均等的压力与反作用力

前进时以脚踵着地，后退时则以脚尖着地

保持后脚与地面间的压力与反作用力

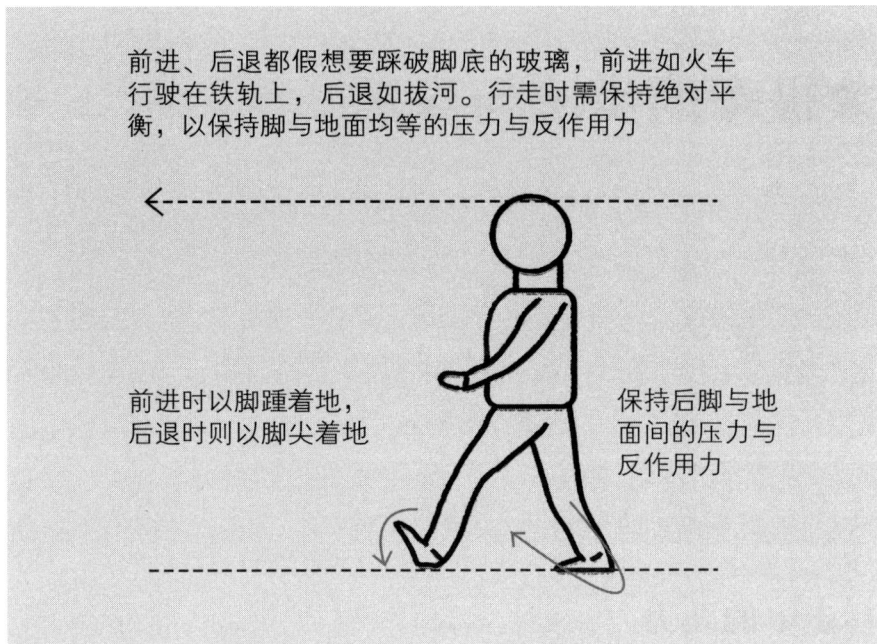

也只能慢动作似的飘来飘去。换言之，任何武术的根都是在脚底下的地面上，所不同的是，它们怎样利用力学原理让身体产生巨大的劲力。

以直线运动为例，如向前推按或重心后坐，整个腿和脚势必作为一个大型的活塞快速且有力地压向地球表面。但因地面是硬的，就会相对地产生等量的反作用力把整个身体向前推。这个反作用力的力臂是从地面开始计算，所以说"其根在脚，发于腿"。

为什么说"主宰于腰"呢？如果以现代医学的眼光看，这里的"腰"，实际上指的是髋关节与大腿中控制腿部内旋和外旋运动的肌肉群，靠着它们的收缩与放松，整只腿、脚形成一个有力的转轴。只不过在这个圆形运动中，由小腿肌肉作用，使脚底与地面的磨转扮演着启动与加速度的重要角色，就像一个石磨，虽然脚的位置并未变动，实则暗

地里借着整个轴承磨转地面得到的反作用力产生了巨大的旋转力。髋关节也几乎同时同方向地转动。这也是太极拳中圆形发劲的基础，再次突显了"其根在脚"的原则。

在动作上，大腿与小腿肌肉的步调愈一致，则功效愈大。如果说脚底是一个小齿轮的话，那么髋关节就是个大齿轮，整个劲力至此，旋转的半径明显加大，自然劲力大增。

太极拳讲究将全身重量放在一只脚上，做直线运动时，全身形同单一的活塞；做圆形运动时，全身上下是单一的轴承。如果将全身当成一株大树，则肩臂只是树的分枝，随着树干前进、后退。肩臂的主要任务是保持它们的张力，与"树干"的连接处的接合保持牢固。当整株"树"向外撑出去或快速旋转时，肩臂能有效地将来自"树根"的劲力像桥梁般地传导出去，传到"树枝"的末端。但实际上树枝是不会动的，也不会产生劲力。郑曼青强调："太极不动手，动手非太极。"如不加以解释，外行人自然是无法理解了。

一、直线的劲力

就是这么奇妙，连日常走路时都可以无声无息地练太极拳劲力，难怪说太极拳是内家上乘功夫。如下页图，在行走时维持身体平衡，不让身体往上浮，目的在保持腿与地面之间的压力，使地面的反作用力推动整个身体前行。

内家讲求的是"心法"，同样是走路，外表看起来尽管一样，脚底之下另有乾坤，其中的秘密也尽在一念之间。我们不得不佩服太极拳发明人的智慧。

太极拳的基本行功：迈步如猫行、借地之力

身体高度下降

保持平衡，以确保身
体对地面的压力

前进

平脚落地

以踵落地，以保
持身体高度不变

错

对

前进时假想后脚欲踩破玻璃，
给地面以压力，获取反作用力

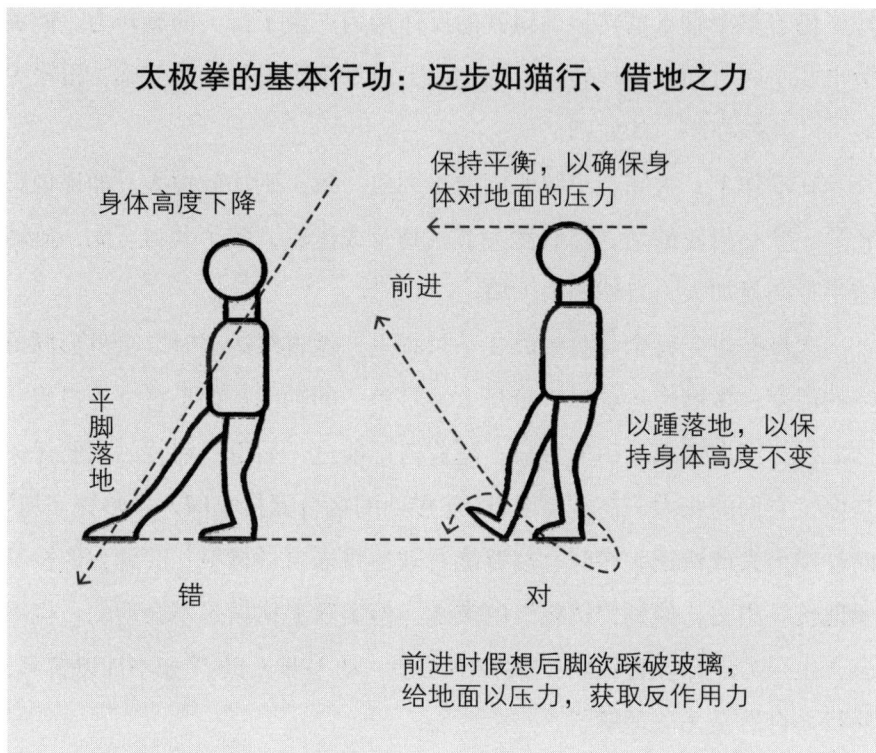

二、以脚踵、脚尖或平足着地

此外，在练习借地之力和转身的步法时，为了让身体在前脚着地时保持一定的高度和平稳度，最好以脚踵着地，因为突然的重心下降不利于在一场战斗中保持应有的平衡。不过，以脚踵着地必须避免脚趾翘得太高，否则易遭对手勾脚而失衡。

相对的，前脚（假设是右脚）经过后脚（左脚）向后退步时，应以脚趾落地，以保持身体的重心稳固。此时在前的左脚像拔河似的往下

踩，把重心拔回在后的右脚，右脚板慢慢踏平。

以平脚落地适用于直线攻击的场合，不论是按劲、掤劲，还是肘靠劲，均以滑步且平足落地为宜。虽然太极拳拥有最长的力臂，但更需要速度以增强能量，其道理与溜冰类似。同样的，滑步向后，用踩劲时，仍以平足为宜，以速度换取能量。

同为内家的八卦掌、形意拳，均以平足着地，就像飞机着陆一样。以后脚向下踩产生的反作用力推动全身向前，优点在于速度快而能量大。为避免因重心下降而失去平衡，八卦掌要求抬脚的高度必须尽可能靠近地面，就像拖着地上的泥巴走路，因此称之为"蹚泥步"。

八卦掌的转掌是沿着圆圈走，在后脚经过前脚跨出去时，身体需略转方向，此时是靠内侧腿和脚的磨转产生劲力，类似太极拳的圆形动作。

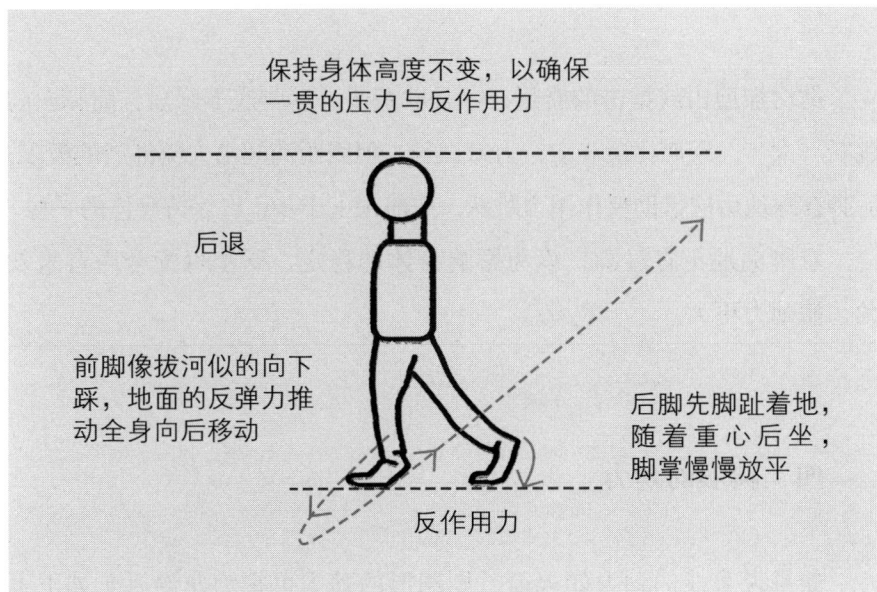

保持身体高度不变，以确保一贯的压力与反作用力

后退

前脚像拔河似的向下踩，地面的反弹力推动全身向后移动

反作用力

后脚先脚趾着地，随着重心后坐，脚掌慢慢放平

形意拳也是平足着地，不过除了前脚滑步向前外，后脚也迅速跟上半步，如此可进一步增长力臂，故威力十足。而拳艺是否有成，则视乎训练体系与老师对劲力的理解是否有深切的认识。这也是其他内家功夫面临的问题。

滑步在内家拳发劲上的意义有二：

（1）插入对手的裆下（两脚之间），超越其重心线，强化拔根的效果；

（2）避免采用因倾斜身体而影响平衡的方式，而是用滑步增长力臂，使劲力大增。

注意，太极拳的基本姿势要求"膝不过趾"。当膝盖超出脚趾尖时，身体倾斜过度，即失去平衡，易为对方所用。

三、跃步

欲增加撞击或推击的能量，可采取跃步。后脚底下踩后，前脚向前跳跃一大步，距离比滑步大，力臂加长，但因距离超出大腿外展的极限，后脚在踩地后应借助反作用力跳跃，向前跟上半步，以保持身体的平稳。

双脚离地不宜过高，以免影响身体的稳定。跃步可配合声音来发劲，使劲力更大。

四、圆形的劲力

如果说直线的劲力如火箭，则圆形的劲力可视为龙卷风。如下页

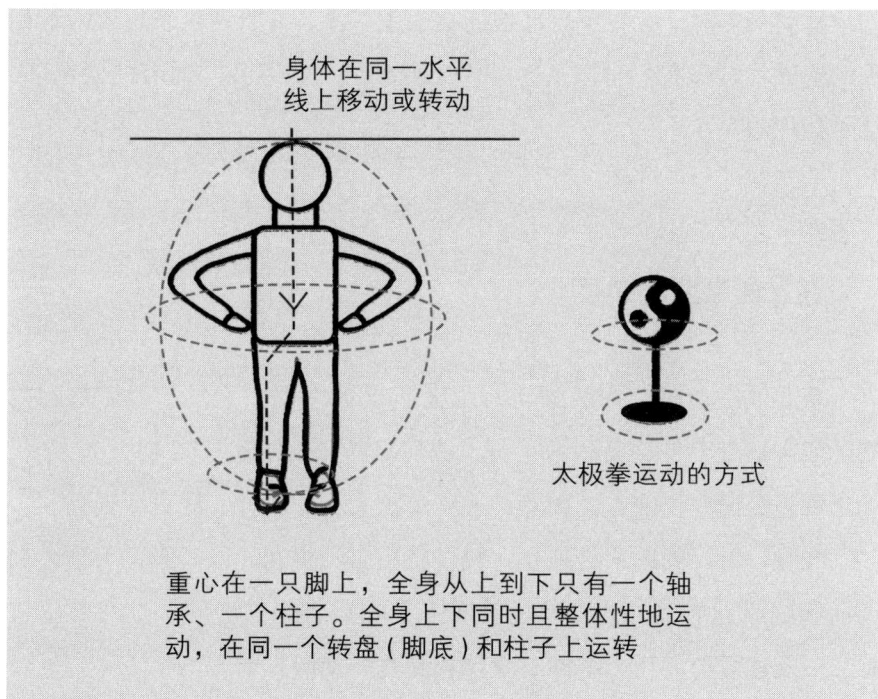

身体在同一水平
线上移动或转动

太极拳运动的方式

重心在一只脚上，全身从上到下只有一个轴
承、一个柱子。全身上下同时且整体性地运
动，在同一个转盘（脚底）和柱子上运转

图，将全身重量放在一只脚上时，基本上身体就成了一个运转自如的旋转台，整个基盘带动台上一切对象同时转动。当有需要往另一个方向转动时（例如，由面向右侧欲改为面向左侧），目前承受体重的脚（例如右脚）往下踩，利用地面的反作用力将重心转移到另一只脚（左脚），即切换到另一个转盘上。

略带微笑可帮助放松自己，当重心移到另一只脚（左脚）时，吸气；当切换好转盘，形成另一个轴承后，呼气，并开始原地磨转左脚底，利用地面的反作用力带动全身向左转。

与直线运动一样，做圆形运动时身体也应保持在同一高度上，以防脚底与地面之间的作用力和反作用力中断。

移动身形时，应想象自己仿佛在水中游泳，并将两手掌想成两块相吸的磁铁，这样我们可以从手掌中感受到大气的存在与血液的微循环，感受到气的存在。

五、两脚间的角度

重心放在前脚。当两脚间的角度形成 90° 时，大腿上缘后侧和内侧的肌肉群处于外旋紧张的状态，我们只能让躯体和脸朝 45° 的方向。如果硬是要面向正前方，则势必过度牵拉大腿的肌群，使身体紧绷。

此时，最好的解决之道是：轻轻将后脚尖提起，以后脚踵为轴，利用前脚的原地磨劲，让身体的转动来带动后脚向前转动，至与前脚成45°。上述肌群的压力解除，身体和脸自然朝向正前方。

相对的，两脚间成 45° 时，若将身躯朝向 45° 方向，则大腿缝匠肌和小腿腘肌必然内旋，加上小腿的胫骨前、后肌启动足部原地不动内翻，致使肌肉处于紧张状态。如果此时突然将前腿外旋，放松已绷紧的原内旋肌群，强劲的扭力就会使身体猛然转向正前方。此法可用在短距离的挤或掤劲的突袭上。这是很典型的圆劲的运用。

虚实与轻重

太极拳中的虚实分清，意为必须把全身重量放在一只脚上（实），另一只脚不承担体重，即为虚的。照理说，虚和实应该是绝对名词，是零与百分之百的表现，也称为"单重"。然而，这种绝对值却被不少人误解为"轻重"，而出现诸如百分之三十虚、百分之七十实之类的说法。

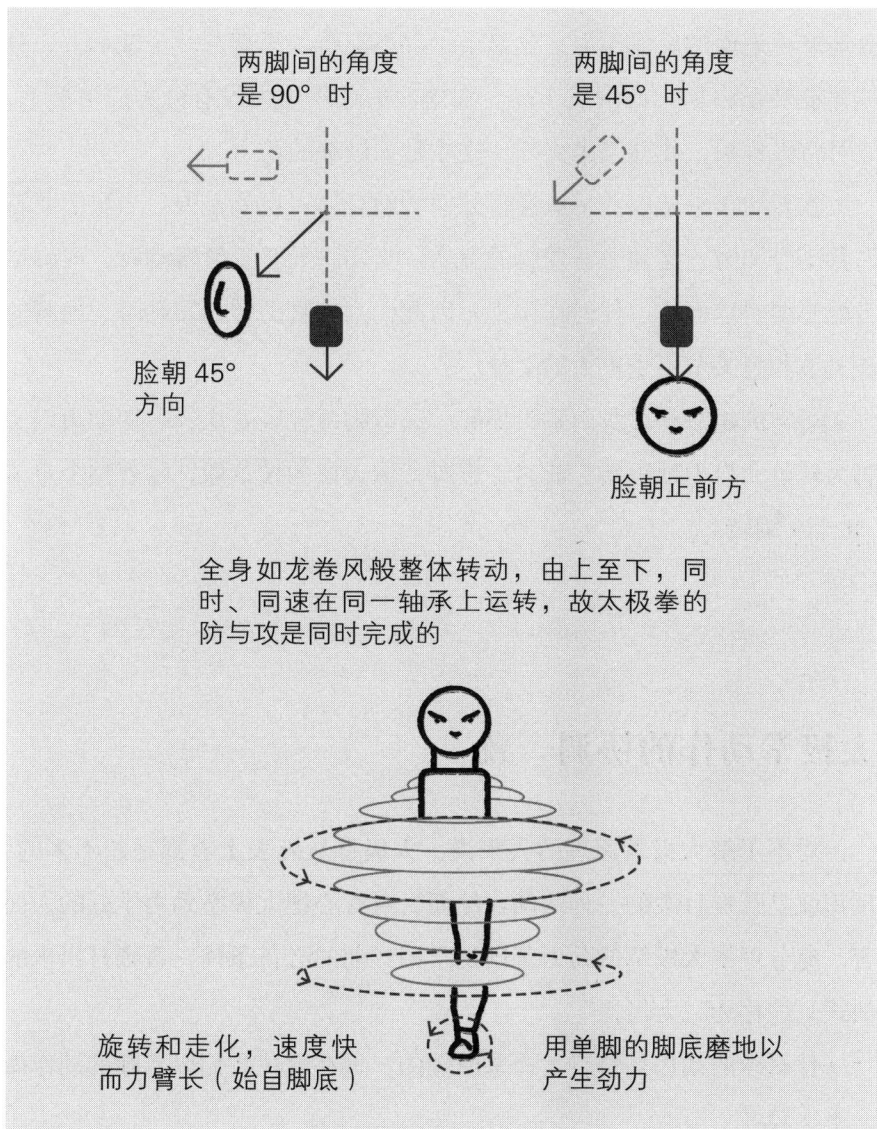

两脚间的角度是 90° 时

两脚间的角度是 45° 时

脸朝 45° 方向

脸朝正前方

全身如龙卷风般整体转动，由上至下，同时、同速在同一轴承上运转，故太极拳的防与攻是同时完成的

旋转和走化，速度快而力臂长（始自脚底）

用单脚的脚底磨地以产生劲力

这是因太极拳十分深妙，不易窥见其中奥秘所致。

事实上，许多武术门类都以体重三七分为力学基础，那么太极拳与其他武术门类又有何不同？

太极拳的最大特色，就在于让身体的重力百分之百地集中，百分之百地产生地面的反作用力，丝毫重量都不浪费。只有在一个轴承上，身体才能转动自如，四两拨千斤。在地面的反作用力没有分力的情形下，方可将人拔根，使其飞出丈外。这才是太极拳的劲力。

在开始学拳架以前，应懂得如何转动身体。也就是说，当我们要左右移动身体时，必须分清双脚的虚实。当实脚如转盘般转动时，虚脚尽可能不要对地面施以任何作用力。因此，当实脚的转盘转动时，虚脚的膝关节和髋关节不受重力的牵扯。

通常的做法是虚脚的脚尖提起，只以脚踵轻轻着地，一切动力以实脚为转盘，自由地运转。此时，虚脚就像大树的枝节般，随着整个身体（树干）旋转。

太极拳动作的协调一致

对不了解太极拳原理的人来说，太极拳从外表上看都是差不多的，反正就是既慢且柔的一种运动。然而，对有心把太极拳劲力学好的人而言，充分理解太极拳的劲力基础是学招式前的必备条件，否则打出来的架式只能称为"太极操"。

什么样的动作是符合太极拳原理的？现在就让我们以实际的动作做一下比较。

例如：现在重心在右脚（前脚），如要做一个"按"的动作，请问以下何者合乎太极拳法？

动作说明一：

（1）蓄劲：重心移到后脚，同时将双臂收回身旁；

（2）放劲：重心向前移到前脚，同时双手向前推出。

动作说明二：

（1）蓄劲：吸气，想象气充满脊柱的两旁。两肘保持微屈，双臂不必收回身旁，只要确定肩膀不僵硬、三角肌始终放松即可。同时前面的右脚向下踩，借助反作用力将重心像拔河般地"拔"回后面的左脚；

重心移回时，保持身体的高度不变，使前脚底与地面保持压力与反作用力；

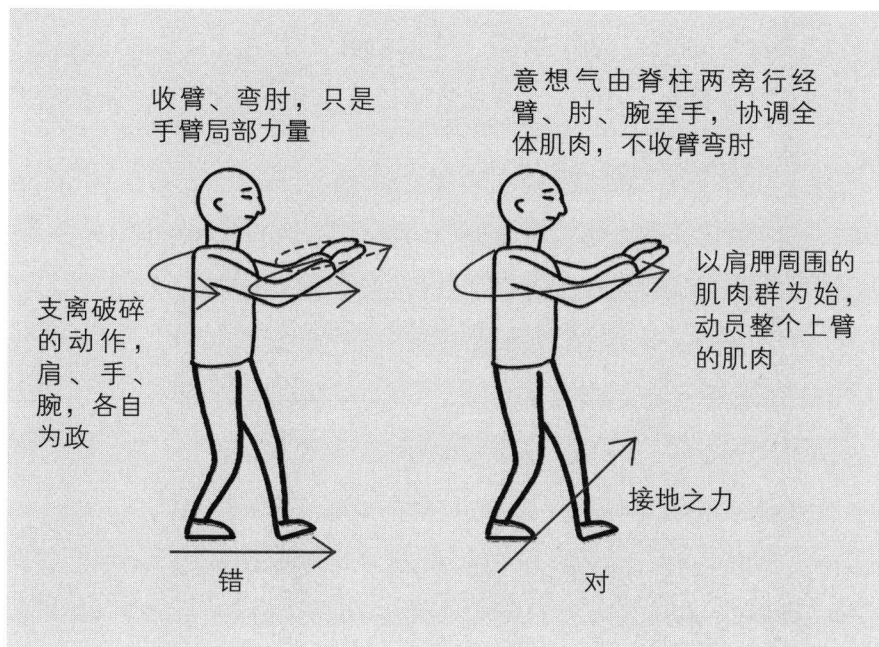

收臂、弯肘，只是手臂局部力量

意想气由脊柱两旁行经臂、肘、腕至手，协调全体肌肉，不收臂弯肘

支离破碎的动作，肩、手、腕，各自为政

以肩胛周围的肌肉群为始，动员整个上臂的肌肉

接地之力

错　　　　　对

（2）放劲：吐气。左脚下踩，借助反作用力将重心推向前脚。呼气的同时，想象气由脊柱两旁经肩、臂、肘、腕、手顺序发出，两肩微向前、向内扣，以固定住肩关节；

移动重心时，应保持身体高度不变，使脚底与地面间的压力均匀且连续。肘部保持"V"形下垂，角度必须大于90°，并避免因抬肩使三角肌僵硬。

很明显，上例中动作说明二符合太极拳力学原理，原因分析如下：

（1）重心的转移，是通过脚向下踩压产生的反作用力来推动的；

（2）手臂本身不动，就像放在火车头前面的两支竹竿，随着躯体前后移动将人撑出去。肩膀微向前、向内扣紧，由脊柱两旁发劲，两侧肩胛骨则像两扇门向前关阖般，不用手臂"推"，而是"按"，实际劲力仍来自脚底下。肩膀和肱骨的内收，主要是用大圆肌、小圆肌、背阔肌、胸大肌、冈下肌等来完成；拉肩胛骨向前的则有胸小肌、前锯肌等；

（3）如果先收臂，再向前推，则自地面的反作用力无法经过肩臂这座桥直达对方身上。因此，手臂先收而后推运用的是独立的、局部的力量，是错误的。

太极拳的体用分析

本章是以太极十三势为主，兼顾推手时常用到的基本技巧，从力学的角度来分析其劲力来源与运用，希望能厘清其中的许多疑点，有助于增进各个阶段的习练者对太极拳的了解。

借了解太极拳的通性，减少对过多招式的倚赖，学习者可以减轻疲于拆招学样的负担，体会真正的太极艺术的实质。招式不贵多，贵在通晓力学的运用，知而后行。

按法

太极拳的"按"不是"推"。因为在"按"的动作中，并没有屈肘和伸肘的动作，而是配合后脚向下踩，在重心向前转移的同时，将肩胛关节的肌肉群至指关节视为一个曲杆，随着身体重心的移动"撑"出去，而不是好几个关节各做各的。

推手原叫作"揭手"，见于陈鑫所著的《陈氏世传太极拳术》；杨家早期称"推手"为"揉手""搭手""靠手"。反而现在称"推手"有悖于太极拳的精神，似乎称为"揉手"较合乎本意。

英文承袭了此项错误，将"按"翻译成"push"，推手为"push hands"，造成学习者用手来"推"的错误观念，令人遗憾。应还其本来意义，改译为"press"！

在练习"按"法时，学生首先遇到的难题是如何去除心中的"推"念，即很想知道这一"推"，能不能将对方"推"倒。如若抱持此念，无形中肘关节一伸，这"按"字诀就走了样了。心里有了把对方推出去的欲望，反而适得其反。忘记手的存在，意念集中在脚底涌泉穴，全身重量都集中到后脚，此时用力伸大腿，在不让重心浮起来的前提下，让

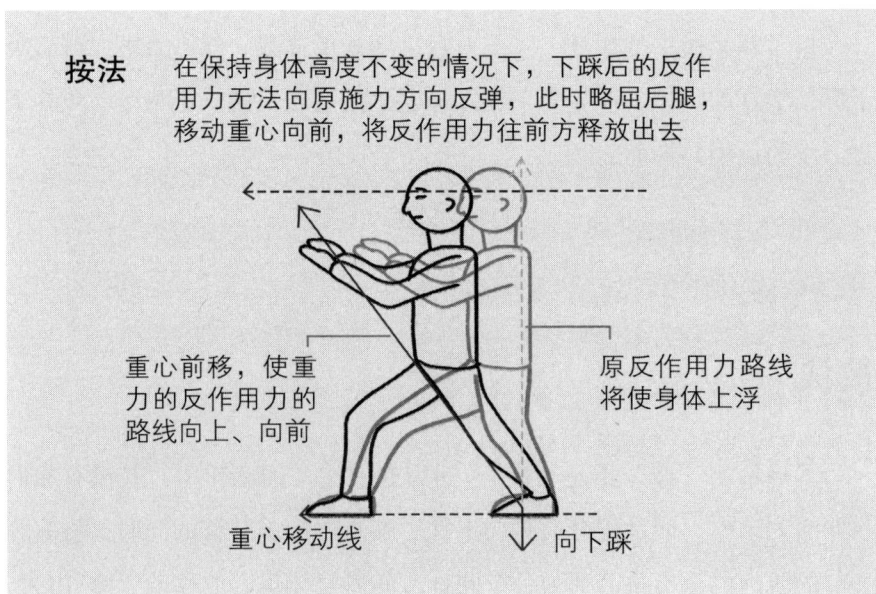

按法 在保持身体高度不变的情况下，下踩后的反作用力无法向原施力方向反弹，此时略屈后腿，移动重心向前，将反作用力往前方释放出去

重心前移，使重力的反作用力的路线向上、向前

原反作用力路线将使身体上浮

重心移动线

向下踩

重心往前移，肩关节自肩胛骨至指关节视同一个曲杆，力由脊（肩胛关节）发，自然产生拔根之力。

当重心落到后脚，屈后大腿和后膝时（蓄劲），吸气；当后脚用力下踩，重心前移时，呼气；假想气由脊柱两旁，经肩膀、肘部、腕部，直通指部，使运动神经同步运动"气"所经过的肌肉。

完美完成了的各肌肉群的协调动作，才是真正的太极拳"按"劲。这是绝非只靠手就可以完成的精细动作，所以郑曼青说："太极不动手，动手非太极。"

在任何情况下都应注意肘关节的前、后角度应保持"V"形。等于或小于90°时，则肘关节的作用基本上消失，肩关节与手掌间的距离过短，发放对方形同用身体推出对方一般，这是不对的。相对的，肘关节也不可伸直，否则肩部三角肌、冈上肌、肱三头肌等变僵，肩膀即失去其灵活性。

在重心后坐时，目光透过鼻尖，监视对方任何可能的潜在动作；施以按劲时，目光焦点应穿过对方身体，由视神经提供目标资料给大脑，以便指挥运动神经、发动相关肌肉群，在目标一致的情况下，使肩关节自肩胛骨至指关节像一支箭般朝同一方向射出。

"按"可为长劲或短劲。长劲可将人连根拔起，使其飞落数尺之外。短劲可用来震人内脏，也可作为引劲。短促的震动，使对方紧张而向前顶阻，此时可借机将对方往我后方丢出，即所谓"有前即有后"的诱敌战略，也是日本柔道常用的手法之一。

当对方马步下沉、重心极低时，我可以用"按"的短劲向下震动其身，使其因重心下降而不得不起身，此时我们就可趁机反向将对方往上拔根，即所谓"如要向上，即寓下意，若将物掀起，而加以挫之之力，斯其根自断，乃坏之速而无碍"。

短劲的"按"也可用来声东击西。例如：用左手震动敌身，使其上当并向该侧做出反应，我方即速用右手"按"之，即所谓"有左即有右"。

挤法

挤劲是专为近距离接触战而设计的，英文一般翻译为"press"，但实际上"press"是"按"的意思，而"挤"应译为"squeeze"。

它可分为圆劲和直劲、长劲和短劲两组。圆劲是当重心在前时通过前脚磨转产生的。直劲是当重心在后时，移转重心向前产生的。长劲可像"按"一般，将对方挤到相当远的距离外，也可拔其根。短劲设计的动机是，当两人位置太近，肘部无法保持"V"字形，上、下臂角度接近或小于 90° 时，不方便发动有效攻击（除非用膝撞）。此时，双臂如向身体正中线方向斜伸，可以让手臂伸至合理的屈度，两掌上下重叠，呼气，后脚短促一踩，同时肩关节带动双臂向前震动（仍是力由脊发），合双侧的分力，出其不意地震伤对手内脏。如震在左胸，伤其心脏；如震在心窝（胸骨柄末端），伤其肝脏。

当不小心双腿被拉而仰倒时，对方可能乘势坐到我方身上，企图压制我方喉部。此时可双掌相叠，以一脚脚底快速施以磨劲，髋关节快速扭动，由肩胛关节发动挤劲，出其不意，震其心窝。或配合上述圆劲，迅猛地旋转一侧前臂和腕部，用食指的指关节钻透其肋骨间（肋间神经位于胸壁浅层，属敏感地带），尽快突围。

挤法一般是以掌叠掌，在被将时，若来不及两掌相叠，可依当时位

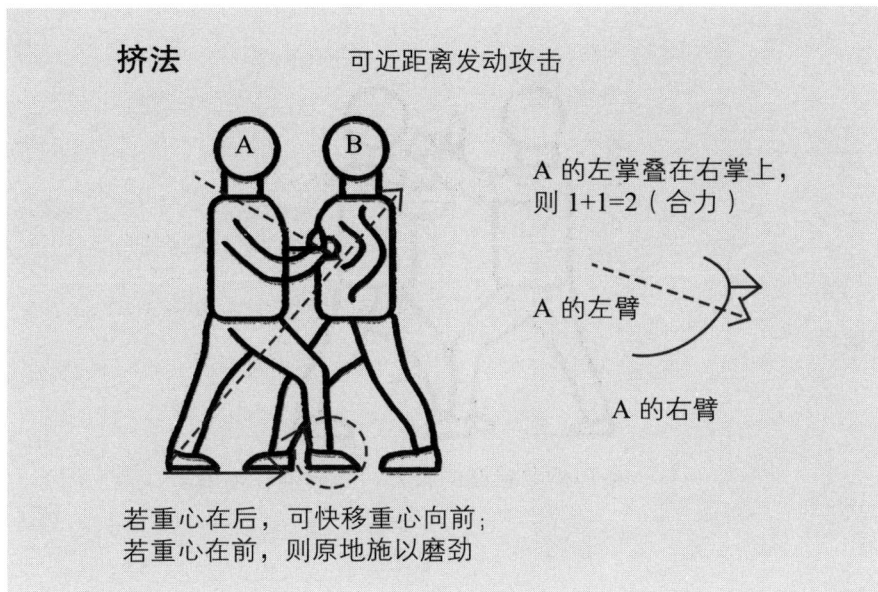

挤法　　可近距离发动攻击

A 的左掌叠在右掌上，
则 1+1=2（合力）

A 的左臂

A 的右臂

若重心在后，可快移重心向前；
若重心在前，则原地施以磨劲

置以掌叠前臂，甚至以掌叠肘部，合肘法与挤法为一。

捌法

"捌"不是"格"，也不是"挡"，而是将对方的攻击方向从原来的方向上引开，是一种四两拨千斤的技巧。

"捌"，是手臂做弧形运动，由下往上，轻触对方发动攻击的手的侧面，以分力将对方的手带偏，直到该攻击向旁越过我方肩膀的外侧；或在引进落空后，立即拿住对方的肘和腕关节，用捋、踩、捌等方式反攻。

而格挡的方式必须收缩肌肉、撑住关节以顶住对方的力量，把双方

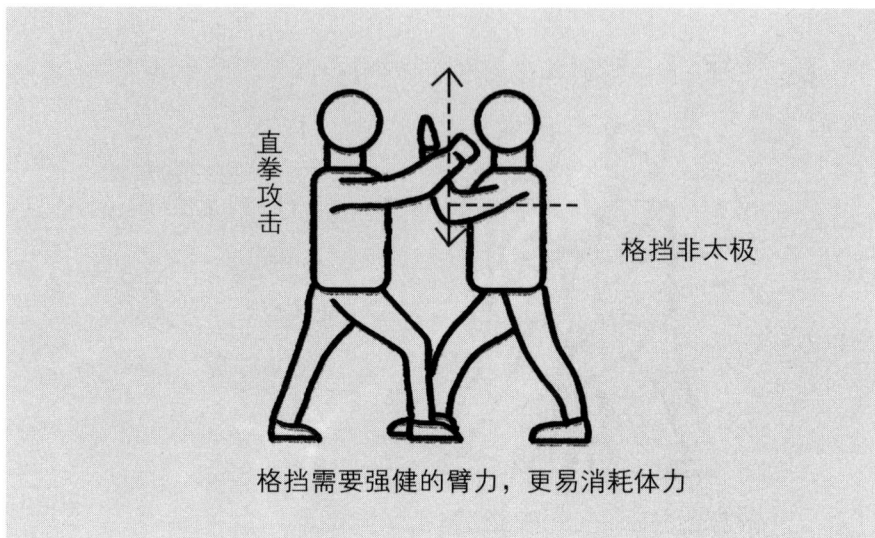

直拳攻击

格挡非太极

格挡需要强健的臂力，更易消耗体力

较技变成肌肉力量的比赛，不合乎太极拳以柔克刚的精神。

"掤"也可以取代"按"来发劲，适用于比"按"距离更近的攻击。

由于距离太短，手臂无法争取有利角度"按"对方，遂采用"掤"——

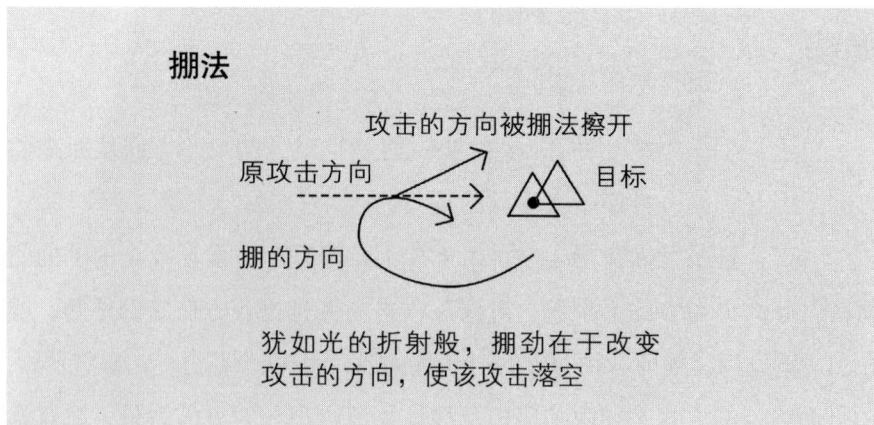

掤法

攻击的方向被掤法擦开

原攻击方向

目标

掤的方向

犹如光的折射般，掤劲在于改变
攻击的方向，使该攻击落空

横前臂于身前，以整个前臂的外侧发劲，接触面积比"按"多出许多。

　　掤时以肩部肌肉不收缩变硬为原则。劲力与"按"相同，运用的是后脚踩地后得到的反作用力。掤劲同样可将人拔根，使人飞出。

捋法

　　"捋"是直劲与圆劲的结合，通常紧接在"掤"之后。其动作是用双手控制住对方肘关节和腕关节后，前脚向下踩，像拔河似的将重心往后拔，使对方失去平衡；重心移至后脚后改用圆劲，以后脚底磨劲带动

捋法

施用捋法时（B）两脚位置不变，两手沾黏在对手（A）的肘与腕关节附近，重心移到后脚，将对手攻势往后引进使其落空，然后以后脚在原地产生的磨转（圆劲）化开对方攻势。此为化而不走

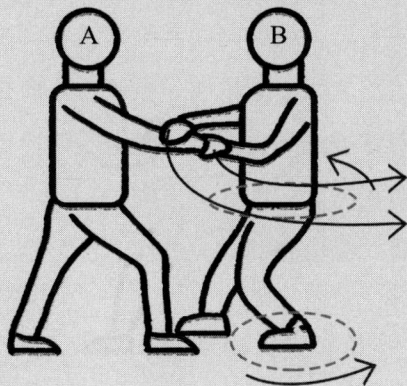

身体外旋，将对方往身侧摔出去。

"挒"与单纯的"拉"不同，运用的是全身重力与地面的反作用所得的劲力。

採法

配合步法和身法，以对方手臂（设右臂）的我方同侧脚（左脚）向外侧踏出一步，再以我方的对侧脚（右脚）向侧后方弧形撤步，以更长的力臂重摔对方时，就叫"採"。

施以採法时一定要下定决心，一次採到底，如三心二意，採了一半，很容易被对方借势以肘法或靠法反攻。

採法仍是直劲与圆劲的综合运用，例如，右脚撤步后，前面的左脚向下踩，像拔河似的借助反作用力将重心移回位于后面的右脚，并立刻用右脚底施以磨劲。对方因右臂被拿，自然随着我方重心的转移快速向前跌出。

如果此时我横右臂，反方向朝其脸部或喉部荡过去，就好像动画片中的猫捉老鼠，追跑之间，老鼠顺手扳了一根大树枝反向弹回去，猫因刹车不及，整个身体被挂到树枝上，必定受伤惨重！

採之后也可以用撅法，即在对方失去平衡后，我方顺势下沉，拿住对方肘关节的尺骨，猛力将其肘关节往下压，轻则使其疼痛难忍，重则断其肘关节，故此法不得不慎用。

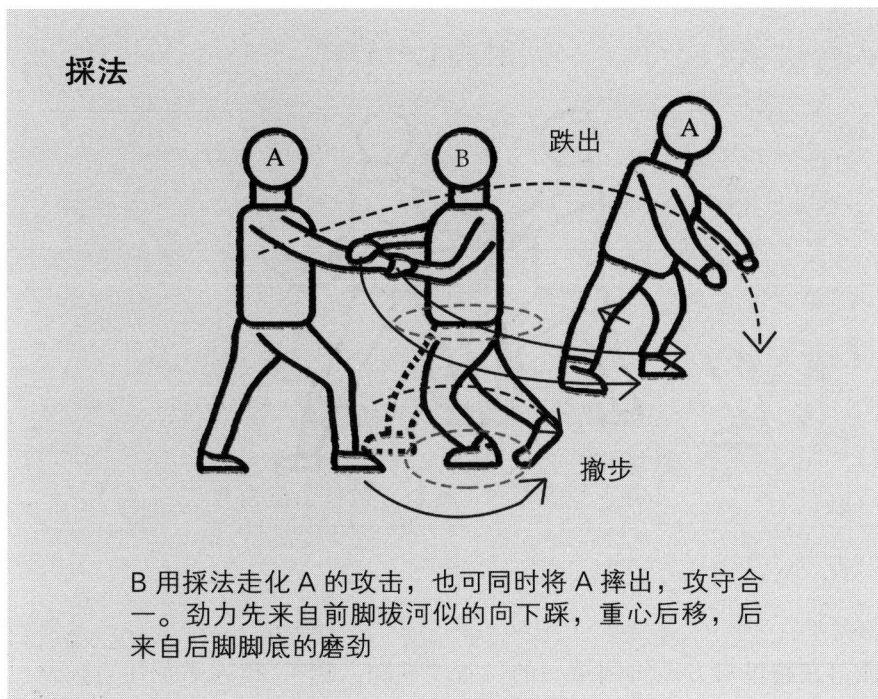

採法

跌出

撤步

B 用採法走化 A 的攻击，也可同时将 A 摔出，攻守合一。劲力先来自前脚拔河似的向下踩，重心后移，后来自后脚脚底的磨劲

肘法与靠法

肘法常在我们被人捋或採时使用，可以为直劲，也可以为圆劲。

陈式太极拳中有许多既快又猛的肘法，尤其是第二路炮捶。以适合圆劲的横肘为主，配合滑步、跟步，重心转移后，以迅猛的脚底磨劲配合髋关节扩大能量范围，可增大撞击力和杀伤力。

杨式太极拳多用直肘，前臂向下弯曲，以发直劲为主，兼具拔根与撞击的效用，欲增加速度则须圆劲的配合。

直劲的肘击多以侧身进攻为主。以右肘侧击为例，其劲力来源为左脚向下踩、右脚离地抬起，重心借助反作用力移往右侧，此时右脚尽可

肘法（一）

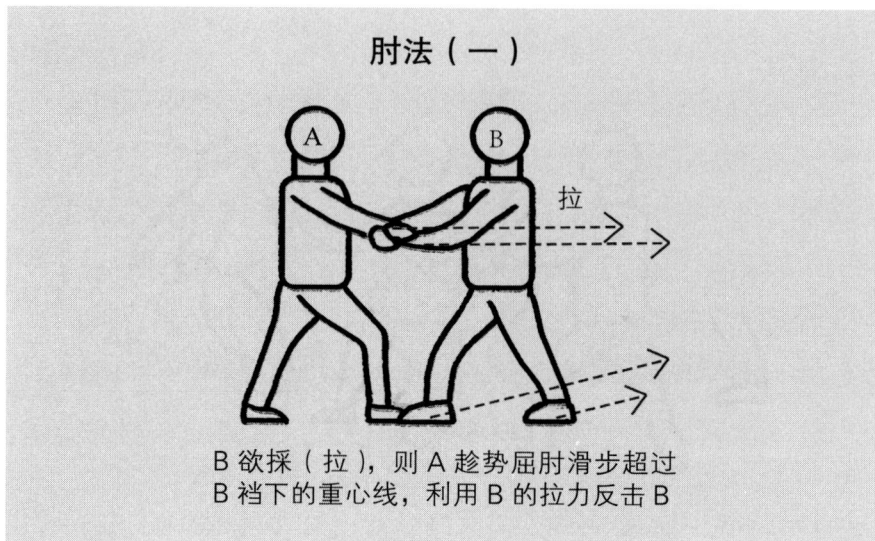

拉

B 欲採（拉），则 A 趁势屈肘滑步超过
B 裆下的重心线，利用 B 的拉力反击 B

能落在超过对方两脚间重心的位置（插腿入裆），以左掌护住右前臂尺骨（协助稳定和加速），先向体左略内收右前臂，再随身体重心的快速转移、右脚的落地，快速且有力地击向对方腹部或心窝。

当与对方距离太近，无法使用直劲时，则以速度取代力臂，改用圆劲，出其不意，前脚施以磨劲，同时强力扭动髋关节，使全身快速外旋，以肘部攻击对方心窝或上腹部。

太极拳是一种直线变圆、圆变直线的艺术。直臂突然屈肘，即直线变圆，适合己方腕、肘、臂部受控时应变。此法必须配合重心后移（前脚下踩拔回）、再磨转后脚与全身才能使对方失衡。此时直线已在不知不觉中变成圆线，俟重心再度前移，即还以迅猛的肘击，又称为"折叠手"。

这个技巧也适用于八卦掌。所谓"一横一竖，天下无敌"，并非指把一只手横摆、一只手打直，就能天下无敌，而是在力学原理的基础

肘法（二）

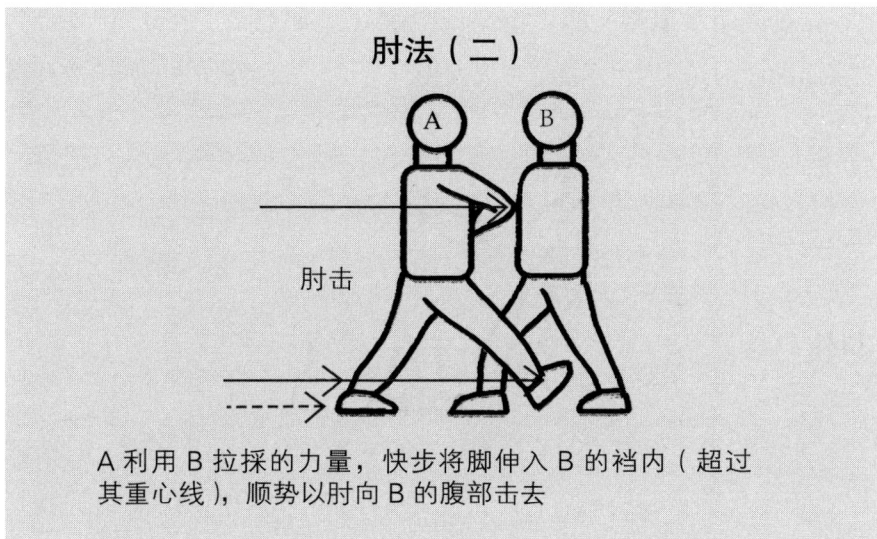

肘击

A 利用 B 拉採的力量，快步将脚伸入 B 的裆内（超过其重心线），顺势以肘向 B 的腹部击去

上，强调直劲和圆劲之间的变化无边。

取代肘击，用肩膀来攻击，称为"靠"。使用时机仍是当对方企图拉或採时，我借用对方的力量趁势快步将前脚插入对方双脚之间（入裆），以肩膀撞击对方。

防狼应用

肘法和靠法也是女性在外防"狼"的妙招。人突然被拉时，本能的反应是说"不！"并想尽办法拉回来。试想，歹徒与自己同样死拉对抗着，此时不妨用太极拳四两拨千斤的方法，顺势"服从"地朝被拉的方向加速撞去，再屈肘或用肩膀猛力撞他心窝，亦即利用他拉你的力量去撞他自己，然后大叫救命，赶快跑！

这种战略恰似英文的"give-and-take",原意是"互让""妥协",照字面翻译则是"先给后拿""失而得"。凡事先给而后得,如能放开得失之心,反而有所收获。

走化

"走化"是太极拳"四两拨千斤"的主要手段。"走"不是"掉头就走",而是代表重心的前后转移,使对手掌握不到我们的重心,是直劲的运用;"化"是全身在一个轴承上转动,利用离心力,使外力无法进入我身,是圆劲的表现。

太极拳中的"倒撵猴"和"云手"都是很好的锻炼走化的招式。实

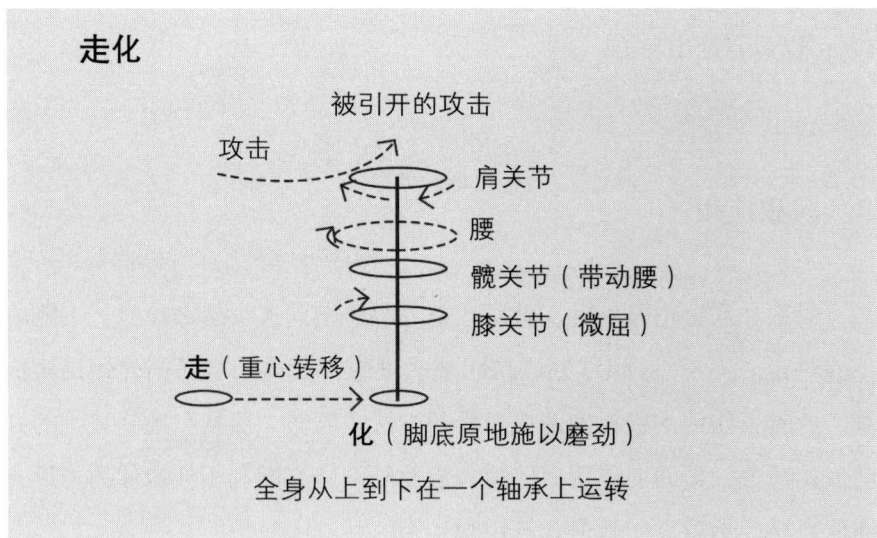

走化

被引开的攻击

攻击

肩关节

腰

髋关节(带动腰)

膝关节(微屈)

走(重心转移)

化(脚底原地施以磨劲)

全身从上到下在一个轴承上运转

脚下踩，利用地面的反作用力来左右移动脚步和重心，运用重心所在的脚底的磨劲，配合灵活的髋关节转动，使全身在一个轴承（脚底）上转动，其离心力使任何外力都被折射到转轴的两旁，很难附着到身上。

换言之，当对手推我们时，我们暗中将重心往后移（走），他的攻击就会落空。如果我们用脚底磨劲和髋关节扭动的方式使身体转动起来（化），转速很快，有时可化中带攻，既改变对方攻击的方向，又同时利用转动产生的劲力使对方从我们身旁飞跌出去。

沾黏劲

太极拳的沾黏劲并非用手死缠滥缠，而是以走化为基础，仍以借地之力为其劲力来源。沾黏是练听劲，敌不动，我也不动，敌动我也动。以双手轻触对方手臂，最好能控制其关节，同时也避免对手控制我们的肘、腕关节。我之双手应对方的运动而上下、内外随动，不可停在一处不动。不脱离我方双手的沾黏，则对方无法发动攻击。

沾黏得好，当对手突然发动攻击时，我方可随时制住其关节的屈伸，在走化的同时，利用全身转动的离心力，使对方从身旁跌出去。这是沾黏的一个目的。

沾黏的另外一个目的是探测对方的死点（着力点），也有人称之为"中心"，事实上，就是要找对方身上的接触点，使我方劲力的方向经过这一点，与对方身体的重心线互成垂直线。

换言之，如果我们发劲的方向和接触点的连线与对方重心线之间不能形成垂直关系的话，发出去的劲力将无法使对方失去平衡，而且很容易被走化。此时，对手也可利用身体转动的离心力，一举将我们摔出很远。

因此，沾黏劲极为重要，平日可从双人推手的训练中加强练习。只有寻找到对方死点，发劲才有意义。

影响沾黏成功的最大障碍就是恐惧。当我们紧张、恐惧时，肌肉自然紧张起来，就像木板一样。不柔的东西是黏不住其他物体的。意拳要求学习者面敌时，把自己想象成一个巨人。只要充满信心，就可放松心情与肌肉。

经常观看拳击比赛的人可能有印象，一名选手想避免挨打，最好的方法就是把对方抱住、黏住。对手肩膀无法做屈伸的动作，自然无法发动攻击了。

沾黏与着力点

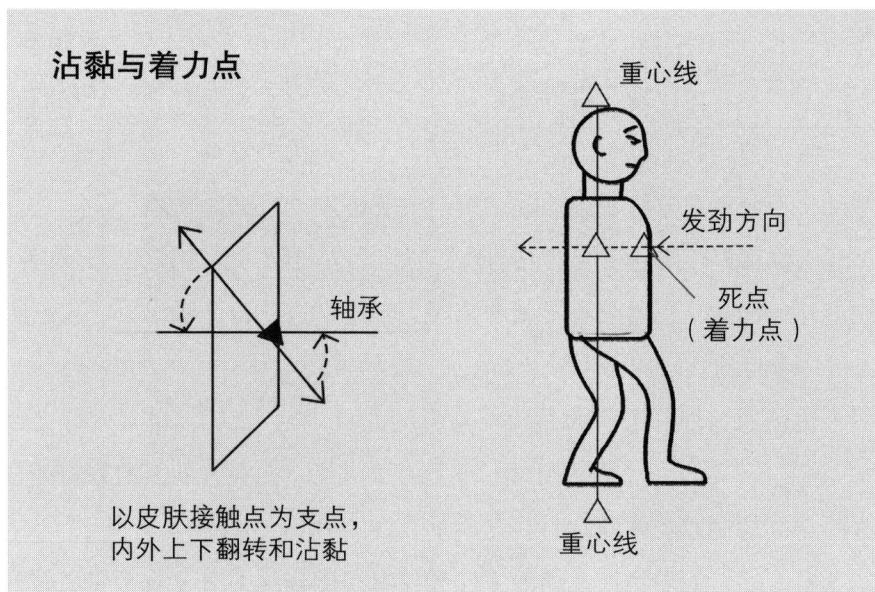

以皮肤接触点为支点，
内外上下翻转和沾黏

轴承

重心线

发劲方向

死点
（着力点）

重心线

引劲

"引进落空""声东击西""兵不厌诈"等，都是形容太极拳的引劲，其主要目的在令对手紧张、僵硬，或使其因过度反应而失去平衡。所以说："凡此皆是意，不是外面。有上即有下，有前即有后，有左即有右。如意要向上，即寓下意，若将物掀起，而加以挫之之力，斯其根自断，乃坏之速而无碍。"

如下图。当我们想从左面攻击时，可先用短促的圆劲加诸对方右侧，这个劲力的力臂很短，只是要让对方紧张起来并向同一侧抵抗，俟其肌肉收缩变紧之际，我方出其不意，迅速改从其左侧进攻，达到声"右"击"左"的效果。

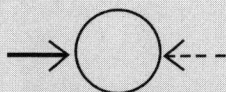

由右伪攻，
实从左取

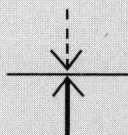

伪向下按，
实向上拔

伪向后拉，
实向前推

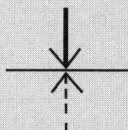

伪向上发，
实向下按

伪攻与实攻方向可互换，伪攻须短而快，使对手紧张、肌肉变僵，或做出错误的反应动作，因而失去平衡又如，当对方张腿沉马、重心很低时，不必急于拔他的根，我们可利用拍篮球的原理，用短促的直劲对其肩膀向下发力。对方在受力的情况下，起身反抗，此时趁机发劲拔其根，对方即应声飞出。

同理，当一个人使劲向前顶我们时，我们也可佯装欲抓他向前，待他急欲反抗而向后拉时，我们突然反向向前发劲，令他根拔人飞。

如果想将对手往后丢出去，可做势向前推，诱其向前抵抗，此时我突然转向，以"抱虎归山"的动作将他往后丢出去。这个诱敌技巧可经常在柔道中看到，先向前震人，再急速往我方后面拉，使对方失去平衡后，立刻以过肩摔将其摔得人仰马翻。

意拳有所谓"试声"和"试力"，通常是指用声音的震撼力和短促的震动使对方紧张，以便发劲。柔道和摔跤也经常用短促的力道往某一方向诱敌，再从另一方向发动攻击。

拿法

拿法的先决条件是具备强韧的指力，否则指头反容易受伤。通常太极剑和札杆中的基础训练都可提供良好的指力锻炼，因为这些武器都需要强韧的手指肌肉和韧带来保证既稳定又灵活的运用。

清代杨家传抄老拳谱中的《太极膜脉筋穴解》载："膜若节之，血不周流。脉若拿之，气难行走。筋若抓之，身无主地。穴若闭之，神昏气暗。抓膜节之半死，申脉拿之似亡，单筋抓之劲断，死穴闭之无生。"狭义的拿法是擒拿，以使关节过伸或过屈为主。广义的太极拳拿法则包含了节膜、拿脉、抓筋和闭穴，基本上涵盖了骨膜、血管、肌腱和浅表的神经等，不一而足，主要视被抓拿后的结果而定。

关节因过伸、过屈导致骨折和动脉出血，可以致命。由比目鱼肌和腓肠肌的肌腱组成的跟腱、横跨头颈间的胸锁乳突肌，如受伤断裂，会引发严重的动作障碍。

死穴，主要分布在头部、主要脏器和大血管的位置。

○ 在头部有太阳穴、鼻骨等，重击这些部位的穴位后，头骨内陷，伤及脑部，自无生路。重击后脑枕骨间的脑户穴，可伤及延髓。

○ 在颈部，喉底的天突穴的深部是气管，胸骨柄后是无名静脉与主动脉弓；喉结两旁人迎穴的深层是颈动脉窦，最深层是交感神经干。

○ 锁骨上窝的缺盆穴，下有颈横动脉，内有锁骨下动脉，深层是布有敏感的锁骨上神经中支的肺尖。不论是锁骨被勾拿骨折、神经受创，还是肺部受损，皆可致命。

○ 上腹部的鸠尾穴（位于胸骨柄下缘）的深部是肝脏。十一浮肋端下缘的章门穴的左侧是脾脏下缘，右侧是肝脏下缘。

○ 阴部，男性下部的睾丸是脆弱的一处。阴器旁股内侧的阴廉穴附近有旋股内侧动脉，重击此处可引起内出血。

一般而言，人体肌肉较薄处，因神经位于浅表而较敏感，一旦被抓拿或打击，往往会导致人暂时失去行动能力，呈现出被点穴后的"气血受阻"的症状。

○ 头部的肌肉薄，神经却不少。在缠斗时，用食指关节猛钻头部，也有制敌效果。大脑是全身的总司令，受到任何撞击都会丧失战斗力，精细的内功和排打有助于头骨的密度增加，但有其极限，且须在良师指导下练习，才可避免危险。

○ 肋骨间的位置。此处是最具代表性的位置。这里的肋间神经分布广而浅，在双方交兵之际，或在被对方压制在地上时，可出其不意，抓拿或用食指关节猛钻对方任何一处肋骨间，如此可马上令对方暂时失去战力。肋骨内是人体重要器官所在，重力撞击常造成内出血和死亡，此处肌肉可借排打和内功增强。

○ 手背掌骨间的位置。此处肌肉薄而神经浅，可以拿、按、指钻等手法将其作为制敌穴使用。肘与其前后肌肉较薄的地方，是桡神经的主要分布区。桡侧有曲池、手三里、手五里等穴。肘尖的尺骨鹰嘴后上方凹陷中有天井穴，稍具指力，在对方未及收缩肌肉保护该处神经前，运劲一拿，即使不知道穴位，一样可制住对方。如被压制在地上，尤其对方想掐住我方脖子时，位于肘尖后的天井穴是有效的救命穴。

○ 腿部方面，脚背的跖骨缝里、胫骨内侧下缘阴陵泉穴（深层有胫神经）、膝盖上缘内侧肌隆起的血海穴（股神经肌支），在被指力拿住时，都会有强烈刺激感。

借劲

借劲是除了我们本身从地球借力以外，更利用对方企图攻击我们的力量与速度来攻击对方。太极拳是人不犯我、我不犯人的容忍艺术，对方用心愈狠、用力愈大时，我们用来反制他的力量也愈大。其原则是不要顶抗他，而是以走化的方式，利用离心力将他摔出去。

开合劲

开劲和合劲都是圆劲的表现。以手挥琵琶为例，当对方挥右拳攻

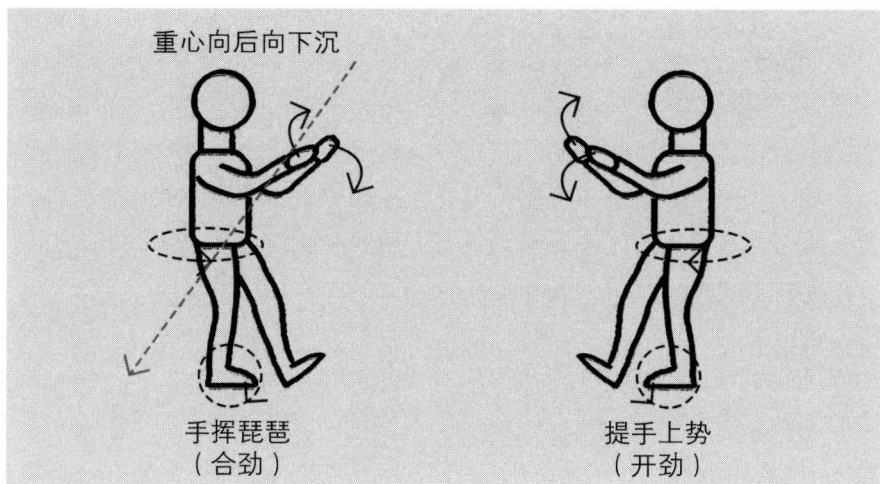

重心向后向下沉

手挥琵琶
（合劲）

提手上势
（开劲）

我，我即重心后坐，右脚（后脚）底内旋，以左手控制对手的肘关节并向内压，以右手固定其腕关节，使其肘关节过伸，此为"合劲"。在提手上势中，后脚（左脚）底施以磨劲，双手随全身的内旋往上、略往外荡起，以右手掤开对手左拳，此为"开劲"。

开合劲也可当作引劲。在推手时，我突然向内轻震对手的两臂，对方一紧张，向外顶时，我则立即往内切入，向前发劲。也可用开劲诱敌，俟对方往内顶时，双手往外一翻，仍黏住其双臂，趁势攻击。

截法

截击的动机有二：

（1）时间急迫，无法走化，只好从中拦截，破坏其攻势；

（2）欲速战速决，通过敏锐的观察，在对方刚发动时就立刻截断其力，甚至以更大的劲力反伤对手。所谓"彼不动，己不动；彼微动，己先动"。

技艺高超的武术家懂得观察对方下巴与两肩之间的三角区。任何行动发动前，这个三角区会先动。俟对方屈肘和肌肉收缩之际，我黏住或拿住其拳或前臂的一点，顺着他肘、臂关节锁死的方向发劲；或在对方欲踢未踢之际，我即以腿截之，以更大劲力造成其受伤，也可立即上步进身，搂其膝，同时以按法使其飞出（长劲）或将其震伤（短劲）。

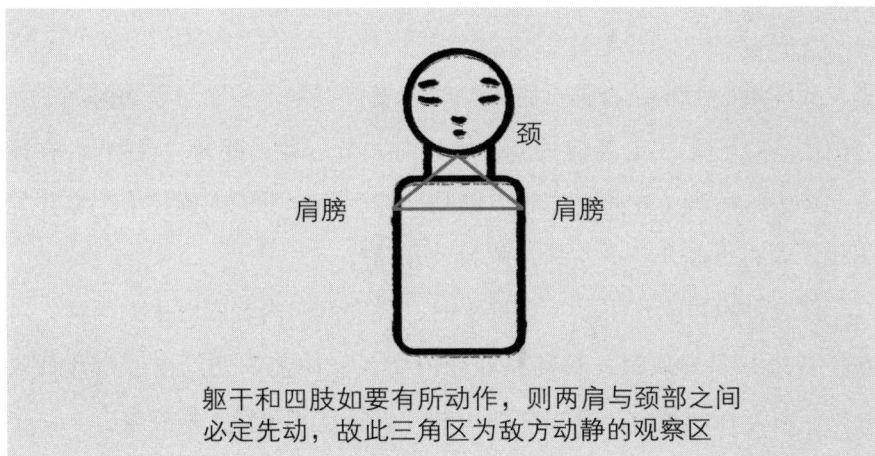

躯干和四肢如要有所动作，则两肩与颈部之间
必定先动，故此三角区为敌方动静的观察区

截劲的风险相对较大，如功力不够、时机判断错误，都可弄巧成拙，故不宜轻用。

腿法与击法的加速

　　在太极拳的动作中，说"按"，而不说"推"；在杨家腿功训练中，有单练式的"踩腿"，而不说"踢腿"。为什么说"按"和"踩"呢？主要原因在于在这些动作中，肘和膝关节都没有明显的屈和伸的动作，而是以整个肩臂、整条腿为一个曲杆，以肩关节和髋关节为曲轴，以地面的反作用力为能量，实际上不是"推"，也不是"踢"，否则，太极拳精神丧失，就与一般外家功夫没有什么两样了。

　　本文统一将踢与踩的动作称为"腿法"，并以符合太极拳原理的踩腿为主要分析对象。

　　每当我们听到踢腿与击打这些词汇时，首先想到的不外乎跆拳道、空手道、少林拳、拳击，等等，仿佛这些不是太极拳所应有的。究其原因，太极拳近年来多重健康路线，再不就是讲得过于玄妙，忽略了许多基础训练，即使拳架里有腿法和击法，也只是做过就算，未花时间做深度练习，实在很可惜。

　　振兴太极拳的上乘功法，重视踩腿与击法自不能免，一切仍从向地球借力量开始。

太极十三势中虽然没有踢的动作，但将其融入拳架后，太极拳却有了各种不同的腿法。尤其是陈家武功，包括了高、低、侧、扫、旋、摆、跳跃等踢法，应有尽有。腿法除用来攻击之外，也可拦截对方的踢腿攻势。那么，怎样的腿法，才符合太极拳的特色呢？那就是：借地之力、不搭手不发、踢不中不发。

换言之，太极拳的踩腿较保守，先找支撑点，再求发人，万一失败也不会损失惨重。

直劲踩法

太极拳的向前踩腿，是以重心所在的大腿做前屈动作，并且以同侧足背和足底的屈趾肌群做屈趾的动作，使同侧足底像铺柏油后压路机压马路般向前快速碾压前进，加速该侧大腿的前屈，使身体连同另一只虚脚得以迅速地荡出去。

如下图，A 模式的虚脚就像钟摆般地快速荡出，其优点在于：

（1）尽量减少用在屈大腿和屈膝上的时间，整条腿以髋关节为轴，借地面的反作用力与重心的滚动，快速荡出去；

（2）小腿在髋关节的钟摆式助力下，快速荡出，而非单纯的屈大腿、伸小腿；

（3）用地面的反作用力将全身荡出；

（4）该腿法速度快、身体平稳，不易被觉察到；实腿旋动髋关节也不必借助提踵。

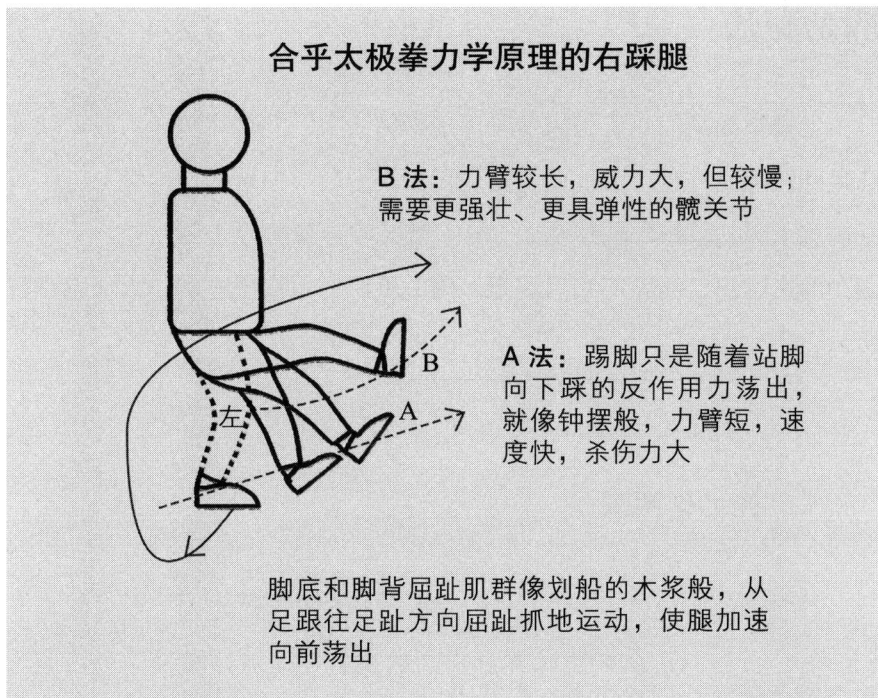

合乎太极拳力学原理的右踩腿

B 法：力臂较长，威力大，但较慢；需要更强壮、更具弹性的髋关节

A 法：踢脚只是随着站脚向下踩的反作用力荡出，就像钟摆般，力臂短，速度快，杀伤力大

脚底和脚背屈趾肌群像划船的木桨般，从足跟往足趾方向屈趾抓地运动，使腿加速向前荡出

　　这种踩腿适合攻击低位置的膝盖和胫骨，相对来说命中率高，不论对方高矮，都可踩中。

　　直线的踩劲也可由实腿来执行，方法是用处在后面的实腿向下踩，借助反作用力，使身体像火箭般向前冲。此时重心移到前脚，后脚变虚脚随身体快速向前荡出。因重心的快速前移，劲力相对增加许多，原理类似冬季奥运会的短道速滑。

　　这种用后实脚启动、发劲的方式，比原地"压马路"的方式的力臂长，需时也略长。

圆劲腿法

太极拳圆劲的腿法仍以实脚原地磨转为主，利用小腿肌肉收缩快速让足部内翻或外翻，借地面的反作用力令全腿反向旋转（内翻外旋、外翻内旋），加速髋关节的转动。与一般提踵转身的方式相比较，太极拳圆劲的速度快，高度却相对受限，因此低踩的方法更有利于太极拳发挥所长。

一、圆劲低侧踩

以实脚的脚底磨劲带动全腿旋转，加速转动髋关节，刮起圆形的"龙卷风"，此时虚脚就像挂在旋风的边缘一般随身体横扫而出，速度

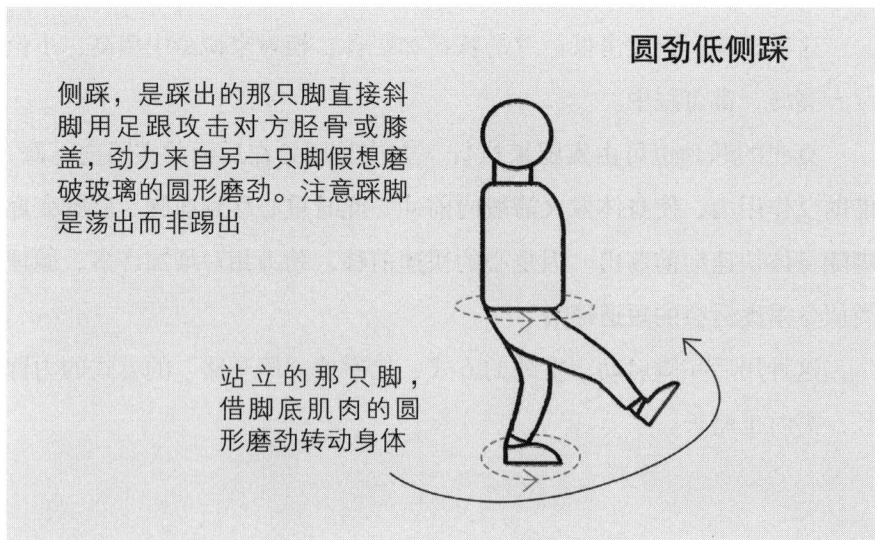

圆劲低侧踩

侧踩，是踩出的那只脚直接斜脚用足跟攻击对方胫骨或膝盖，劲力来自另一只脚假想磨破玻璃的圆形磨劲。注意踩脚是荡出而非踢出

站立的那只脚，借脚底肌肉的圆形磨劲转动身体

快，撞击力大，不须刻意伸小腿做踢的动作。也可以直踩，在荡出之际将虚脚内翻，以脚的内侧扫击。这种踩腿仍适合攻击低位的膝盖和胫骨。

二、圆劲中高摆腿

如下图，以由内向外的右摆莲腿为例，左腿（实腿）的脚底磨劲带动身体外旋，此时假想要自脚掌内侧往外侧磨碎脚底的玻璃，左脚实际没有离开原来的位置。磨脚的同时带动左大腿肌肉外旋，右腿（虚腿）随着身体左旋的能量内收，荡到身体左侧；左脚底再由脚掌外侧往内侧原地拧转，假想要把脚底玻璃磨破，带动身体往右转动，此时右腿顺势

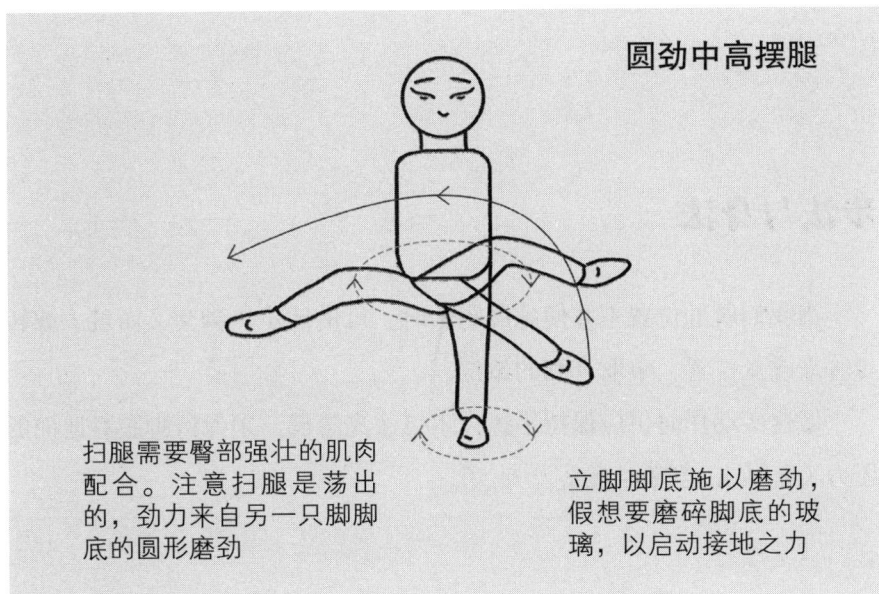

圆劲中高摆腿

扫腿需要臀部强壮的肌肉配合。注意扫腿是荡出的，劲力来自另一只脚脚底的圆形磨劲

立脚脚底施以磨劲，假想要磨碎脚底的玻璃，以启动接地之力

再向右侧荡起摆腿。右摆腿的劲力也来自左脚对地面的磨劲，右腿先左后右荡起则须加上先内收、后外展的肌肉群的力量，髋关节韧带要松。

太极拳并非不能高踢，而是原则不能变。任何动作一旦出现实腿直立、提踵或明显的屈大腿、伸小腿的情形之一，则已偏离了太极拳的基本原理。

高踢缺点是所耗时间和能量较多，优点是可以远距离攻击，出奇制胜。高踢失败所导致的危险性较大，因此大部分太极拳师傅都不主张高踢。

因太极十三势在陈家武功中可能是单独练习的，因此陈式太极拳中的许多高踢、跃踢动作并不能代表原始的太极拳的踢腿样貌。

对一个学习太极拳的武者而言，杨式太极拳的直劲与陈式太极拳的圆劲可互取长短。郑曼青太极拳的拳架虽仍走松缓的路线，但严格要求充分表现出直劲和圆劲（脚底磨劲），兼有两者的特色，唯独很少有陈式太极中快速强烈的髋关节的扭动。

步法与身法

当我们所处位置不方便施展踢法时，可借插步（脚交叉而过）或转身等来改变位置，争取有利的站位。

做这些动作时仍应保持平衡，不可忽高忽低，须保持脚底对地面的压力（蓄劲），以随时准备发人。

击法

一般武术的出拳动作主要利用肱二头肌的屈肘，协调肱三头肌伸肘来完成，其中还配合髋关节的扭动转身来增加挥拳的速度。可是我们常说："太极不动手，动手非太极。"那么，太极拳如何能击呢？学过太极拳原理自然知道其奥秘在于向地球借力量，一切劲力来自地球的反作用力。手臂不过负责传递来自地球的力量罢了，因此手不是手，而像接在火车头前的竹竿，作用是将物体撑飞出去。

依照以上原理，只要经过严格和正确的训练，比起从手臂发出来的力量，太极拳的出拳速度与力量强了许多。

太极拳的击法可分直劲与圆劲，基本上都是短劲。长劲的击法虽可将人撑飞出去，但效果不如按法和挤法，毕竟单手的支撑力有限。

一、透劲

如下页图的 A 型击法，假设重心在前脚，其发透劲的方法与挤劲很相似，是在拳头接触对手的身体后，前面的实脚施以磨劲，利用全身旋转的能量（圆劲）使前臂与腕部以螺旋状拧转，使劲力透入对方身体。假设重心落在后脚，则可用后面的实脚短促地向下施以踩劲，速度快但力臂短，将拳劲往对手体内压进去（直劲）。不论圆劲还是直劲，因拳腕传递的实际上是地面对人的全部体重的反作用力，因此力量都很大，此力穿入对手体内，可引起内伤，但表皮并无受伤痕迹。

冷劲与透劲的比较

发透劲时，重心在前脚，脚底原地施以磨劲，拳头贴着对方腹部或心窝灌入劲力，故透劲是一种圆劲。发冷劲时，重心可以在前脚，也可以在后脚。后脚可以发直劲（重心转移），也可以发圆劲（原地磨劲）；重心在前脚时，只能用圆劲。发透劲时，拳头只是随着全身的"轴承"的转动在对方身上拧转；发冷劲时，则手臂放松随全身的"轴承"荡出去

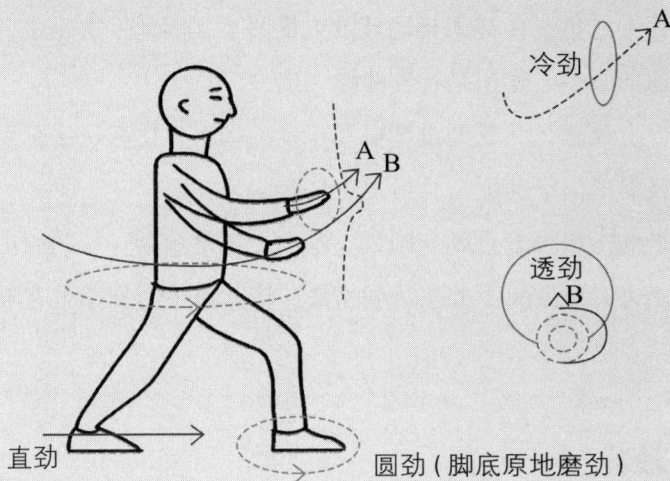

冷劲

A B

透劲
∧B

直劲

圆劲（脚底原地磨劲）

二、冷劲

所谓"明枪易躲，暗箭难防"，冷劲就是趁对方不注意，冷不丁发出的劲力。如上图的 A 型击法，假设我以右拳攻击对方，右臂在原本自然下垂的情况下，不必屈肘，即手臂在完全放松的情形下，快速呈圆弧形向前荡出，使右拳以斜角式猛抽对方腹部。重心在前脚时，可以前脚脚底磨劲为劲力（圆劲）；重心在后脚时，则可用后脚短促地向下踩，

重心不必完全转移到前脚，这样可以做到速度快、力臂短。

在近距离接触时，一般人很难料到这么诡异的发劲方法，尤其是劲力以斜角打入。即使对方腹肌强韧，平日很能抗打，遇到这种冷劲也防不胜防。

最快速的击法应具备下列要素：

○ 由实脚脚底压迫地面，充分利用地面的反作用力；

○ 肩臂肌肉必须完全放松，才能快速荡出；

○ 脚底的磨劲、髋关节的转动、肩膀的荡出，三者力求同步，像龙卷风一样。

郑曼青常说："太极拳是改错拳。"这是因为其拥有精致的力学原理，唯有不断揣摩、改正，才能做得正确。

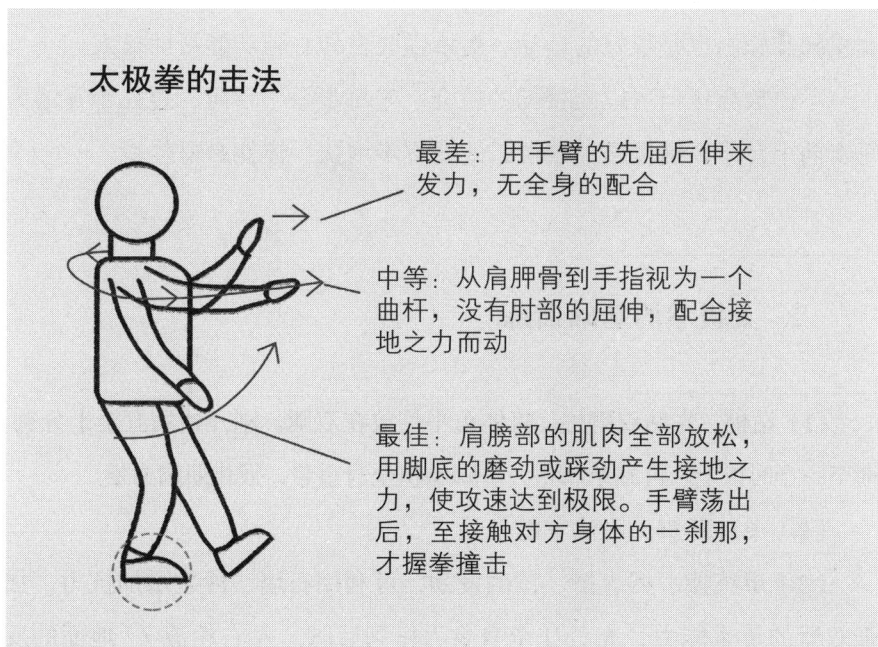

太极拳的击法

最差：用手臂的先屈后伸来发力，无全身的配合

中等：从肩胛骨到手指视为一个曲杆，没有肘部的屈伸，配合接地之力而动

最佳：肩膀部的肌肉全部放松，用脚底的磨劲或踩劲产生接地之力，使攻速达到极限。手臂荡出后，至接触对方身体的一刹那，才握拳撞击

劲力与体能训练

太极拳拥有独特的上乘武学原理，但这并不表示凡学之者就是胜利者。除了一般的体能训练外，扎实的太极拳基础训练和内功修为也极其重要。

一、体能训练

欧美国家流行慢跑和健身，除了各级政府利用公园设立专用自行车道和慢跑道路外，小区中心都有各种举重器械、跑步机、游泳池等。我们可利用类似的设备来强化肌肉力量，尤其是加强心肺功能。

体能好，身体不易缺氧，是在久战之中仍能保持松柔的先决条件。爬楼梯和爬山也是很好的运动，对增强腿力和心肺功能帮助极大。

不要放弃任何可以爬楼梯的机会。先每步一个台阶，过几个月增为每步两个台阶，慢慢增加楼层，速度逐步增快，体能必臻佳境。

二、太极拳的基础训练

（1）站桩：先站双脚桩，将体重平均放在双腿。刚开始站五至十分钟，渐至一小时以上。再站单脚桩，单脚承担全身重量，强化肌肉力量。

（2）单练踩脚（踢法）的发劲。

（3）单练掤、捋、挤、按的发劲，可利用石墙、沙袋增加抗力，加强双臂的负重能力，充分让全身重力压到后脚（左右轮流）。地面的反作用力经肩臂传到墙上时，应能保持肩臂肌肉的张力，双肘不可弯曲。

（4）利用弹力强的橡皮圈，披在肩部，挂在腰部、脚部，增加抗力，练习掤、捋、挤、按、圆劲和直劲的击法（全身快速旋转）、踩腿，等等。

（5）利用爬山、慢跑等训练腿部的承重能力。

三、踢腿拉筋

拉筋是一般运动的热身项目之一，也是武术中踢高、坐低的必须训练项目。对太极拳的武者而言，踢高并不是拉筋的目的。筋松了，肢体动作更敏捷，是有正面效益的；但拉过头了，会造成韧带损伤，因此拉筋必须循序渐进。

跆拳道有一套很好的松筋训练方法，可以利用家里的墙壁来做，效果很理想。

其做法是：面对墙壁仰卧，臀部尽量靠近墙壁，双腿向上搁在墙上，呈扇形张开。每隔一段时间，适度加大张腿的角度，直到两腿可外展到靠近地面。张腿应量力而为，不要太勉强，以免拉伤韧带。

太极拳或许不必拉得那么开，但这种方法不受身体重力的影响，可躺在地上休息、静思，是很好的设计。

四、内功与排打

内功以修身养性、强壮筋骨为目的，主要包括气功和排打两种训练。除了练气与静坐之外，还可在老师指导下学习排打。排打可培养抗击打的能力，内外家功夫均有此训练，唯内家主柔、主静，较大众化。时下流行的内功有"铁布衫"和"金钟罩"及"洗髓功"（又称"铁裆功""童子功"），还有"武当张松溪内功"和"左家内功"及"少林内功"等。排打分徒手和器具两类，器具以沙包、石包、荆条束、铁刷子等为主。系统地排打全身，可以提高肌肉张力与痛阈，并可按摩全身，促进血液循环。此训练应由老师教导，并适当服用中药，以防止造成内伤。

有了排打成果后，一般的踢、击将无法造成伤害，有助于培养胆大心细的武术修为。没有了恐惧感，才能放松自己，以柔克刚。

练太极拳有没有表达愤怒的权利呢？

太极拳的速度是建立在肌肉的绝对放松的基础上的，如果我们遇到不快之事就情绪化，那么肌肉就绷紧了，关节也马上失去灵活度。此时虽然腿脚仍能向下施以踩劲或磨劲，但上半身的配合度会变得很差，遇到修为高的对手，就很容易吃亏。

因此，如果遇上很不愉快的事，且实在也很生气时，最好的方式就是略带微笑。我们可以告诉对方心中的不悦，但至少在微笑时上半身的肌肉是放松的。此时，只要有必要发动击与踢的奇袭，必能以最快的速度将整个手臂或腿部荡出去，而非局部的"击"或"踢"的动作。

微笑可以化解敌意。尽管我们已经表达了心中的不快，至少我们脸上是平和的，一方面可降低对方的警觉度，另一方面可使双方动武的意愿大减，所谓"不战而胜"是兵家最高的境界。

太极拳的准备状态主柔，为阴；发劲时主刚，为阳。因此，太极拳是刚柔并济的武术，也是较"阴险"的内家拳。

请注意，"刚"不代表"硬"，"刚"代表的是肌肉、韧带与关节承接对方重力的能耐，即能有效支撑对方的重力，以完成地面反作用力的传导。

太极剑劲

基础认识

剑自古是侠客的最爱。一剑在身，行侠仗义，成就了多少英雄与佳人。从中国唐朝的剑仙李白，到日本的剑圣宫本武藏，至今都为人们所津津乐道。为什么在科学昌明、枪炮种类繁多的今日，剑还是那样充满浪漫色彩，引人憧憬？因为剑是有灵气的，因人而名，也代表了剑客的心性。

如果你想学一种既能修身养性，又能保家卫民的艺术，太极剑将是很好的选择。

剑是手的延伸，太极剑的劲力与拳一样，必须向地球借力量。将全身重量放在一只脚上，可获得地面最大的反作用力，此巨大的力量经过肩、臂、手、剑得以发放。只要持剑的手指强韧有力，剑身在遭受外力时不会扭曲变形，剑劲就能畅通无阻。

要御剑轻灵，必须以手指持剑，且能持稳己剑和承受对手的剑劲。

前臂和手腕须有强韧的肌肉和韧带，引导传出或传入的剑劲。陈炎林在其太极拳著作中说："拳术中的徒手练习，足以长肌；器械练习，足以健筋骨。"经过太极剑，尤其是对练实打的训练后，因前臂、手腕、手指不断地承受两剑劲力的传递，这里的筋肉会变得十分壮硕。起初或许还无法灵活地用手指持剑来完成各种动作，一年半载之后，自然得心应手。只有能用手指持剑，剑柄与掌心之间才有足够的运转空间，变化的速度才会快。

"以气御剑"是我们常听到的，不明就里的人还以为这是像武侠电影里演的那样让剑在空中飘来飘去。在人类已能到太空探测星球的今日，这种荒诞不经的故事，只能一笑置之。

实际上，以气御剑与太极拳发劲的道理是一致的，也就是配合呼吸，在转移重心时，想象气由脊柱两旁，经肩胛、肩、肘、腕，传到手指。"气"经过的地方，就代表运动神经差遣相关位置的肌肉的进程，如此，由地面传向剑尖的能量，自然比单纯依靠手臂的力量强许多，所以可称得上"以气御剑"，这是心灵与劲力结合的表现。

剑劲的比较

就世界上的击剑艺术而言，以西洋剑和日本剑道发展得最好。它们有良好的组织与比赛系统，更有专用的保护器具和制服。而中国太极剑则多限于表演性质，也没有专门的推进机构，中看不重用，实在可惜。

据笔者所知，当今太极剑实战以台湾省嘉义市的陈取宽师傅发展得最好。陈师傅采用日本剑道用的竹剑，充分将太极拳劲力的原理融合到太极剑中，使学生有机会体验"力由脊发"的巨大力量，在接地之力的辅助下学得良好的沾黏技巧。

郑曼青大师生前曾以美国纽约为基地，大力推广太极对剑的训练，因此目前有一部分他的洋弟子默默地开展此项运动，但终究未能实现太极对剑组织化，影响了其世界化的发展进程。

以下是关于日本剑道、西洋剑和太极剑的比较。知己知彼，便于我们恢复此中华瑰宝。

一、日本剑道

日本剑事实上应该称之为"刀"，因为它是单刃的，刀尖十分锐利，用来直刺人喉。剑道是以双手持刀为主，左手掌在下紧握，负责提供劲力；右手在上以拇、食、中、无名指轻握剑柄，负责变化方向。长距离进攻时可突然变成左单手出击，出奇制胜。

剑道的攻击重点为腕、面（前额部上缘）和两侧腹部，持剑姿势可分上、中、下、侧（胁腰）、垂直正面（八相）等，以中段姿势较常见。

剑道在运用时，左手垂直下拉，右手稳定剑身和变化方向，在左手快速垂直下拉时，剑呈抛物线被"甩"出。其优点是左侧背部、肩、臂的所有肌肉都被充分调用，力臂可从头部上方（左臂撑直时）拉到胸部，威力极大。

步法和身法，是以左脚在后、右脚在前的站姿，两膝微屈，两脚踵微微上提，身体高度略上升。击剑时，后面微屈的大腿肌肉用力伸直，脚的前半部向下踩，使重心迅速前移，此时前脚奋力跃出，身体成由上往下潜水式的下压动作，后脚再迅速跟上半步。击剑时须高声呐喊，以洪亮的声音震慑敌人，破其心理防线。

日本剑道速度快、杀伤力大，且有系统的实战练习法，再加上武士道的礼节，吸引了许多西方人。

技巧上，剑道也有很多诡计来引人落空，擦击法和打击法是用来擦开或格开别人的剑，自己则乘虚而入的技法。虽然两手持剑的方式不够灵活，但剑道经常在架住来击后，以接触点为支点化横线为圆，再迅速转化为直线攻击。

剑道这种力学应用的缺点是：站立时以脚跖部承受身体重量，且前脚跃出时是平足落地，重心骤降，对踝关节的冲击力甚大，易导致跗跖

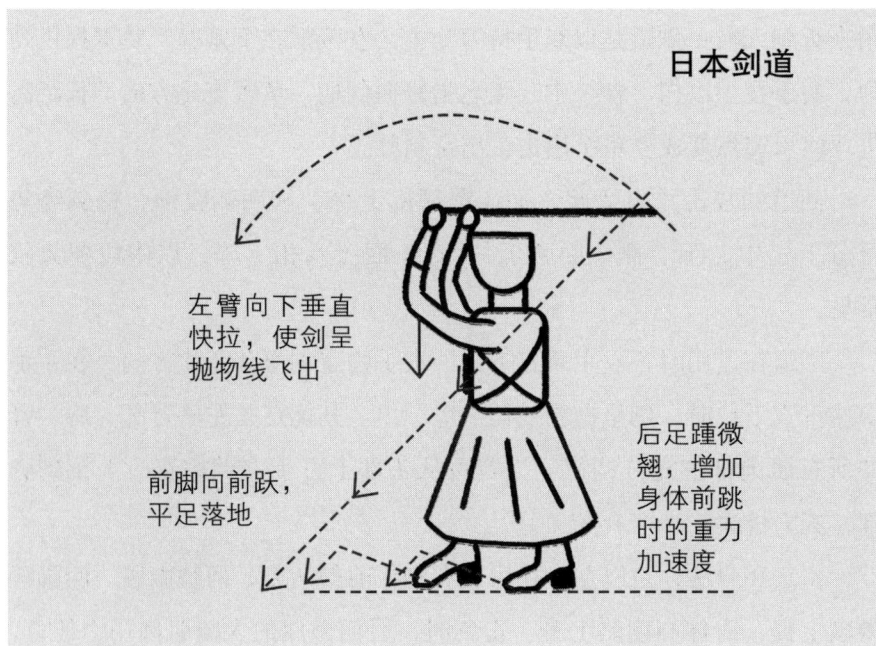

日本剑道

左臂向下垂直快拉，使剑呈抛物线飞出

前脚向前跃，平足落地

后足踵微翘，增加身体前跳时的重力加速度

关节扭伤（不慎内翻）、跟腱周围炎、踝关节错缝等损伤。

而且，由于身体向前的俯冲导致"煞车"不易，因此必须在大举挥剑后，快速冲到对手身后（脱进），再迅速转身，严阵以待（残心）；另一种方式则是在出击落空后，干脆利用此冲力撞向对方（体碰），使其失去平衡与作战力，随即再发动攻击，趁虚而入。

剑道的护具上有头盔、胸有护心、阴部有腰垂、双手有手套保护，因此练习上颇为安全而具真实感。只是一套护具售价高达人民币五六千元，所费不菲。

竹剑的剑尖和剑柄是用牛皮做的，打击的部位靠近剑尖的牛皮部位，因此伤害较小。唯一要注意的是四片竹片不可出现断裂、分叉的现象，以免发生刺伤眼睛的情况。

二、西洋剑

西洋剑的对剑主要分三种：

（1）练习场用的圆头的花剑，来自法国宫廷，在 17 世纪时为练习用剑。

（2）18 世纪匈牙利轻骑兵用的佩剑。

（3）16 世纪法国步兵用的轻巧细长的尖头的重剑。

早在 1937 年，重剑的比赛就已经用电子设备来计分了；花剑的电子计分则始于 1957 年。重剑攻击目标包括全身，花剑以躯体为主，佩剑则自臀部起。

三种比赛的护具都是标准化的，包括：击剑服、网状面罩、面罩护颈、皮手套、裤子、袜子、腋下护具，女士加护胸板。

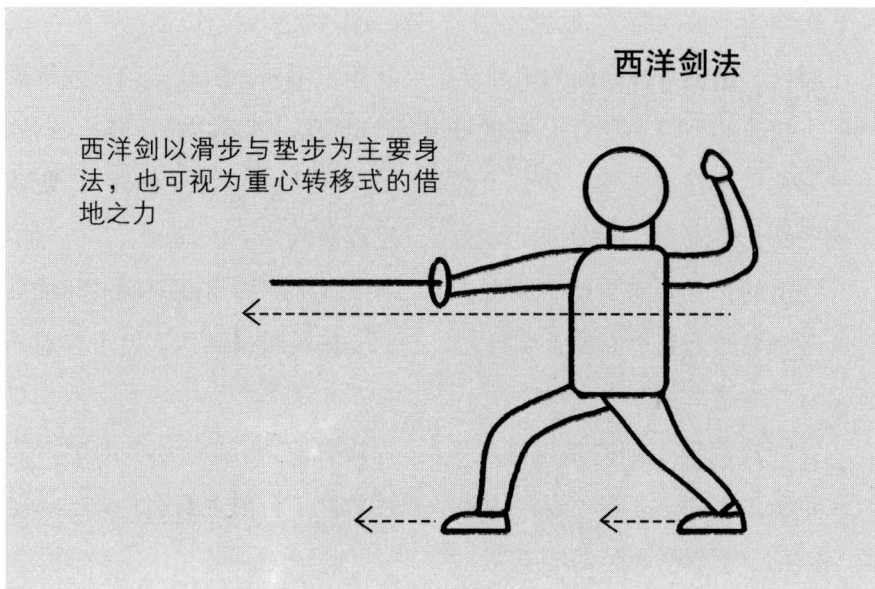

西洋剑法

西洋剑以滑步与垫步为主要身法，也可视为重心转移式的借地之力

击剑比赛场地长 14 米，宽 2 米。一场击剑比赛的时间是：高中和大学是 4 分钟，美国击剑协会（USFA）和国际击剑联盟是 6 分钟。击剑是奥林匹克运动会的项目之一。西洋剑组织体系齐全，在美国，下有高中和大专联盟，上有全美和国际联盟。

西洋剑以灵巧轻快为特色，主要剑招有八势，可刺、可格、可洗、可拨，简单而实用。其步法以滑步、跟步为主，因剑身轻巧，运剑以肩臂为主，再配合灵活的步法、身法，一方进攻，一方防守，攻势落空则守方可反守为攻，击中有效位置五次为胜。身上的计分背心被击中时，电子计分器会发出响声。

三、太极剑

　　太极剑承袭了太极拳"接地之力"的精神，其劲力分直劲、圆劲、长劲、短劲、沉劲、冷劲等。直劲可用来"击"或"点"人手腕或头、"刺"人心腹和喉头、"崩"人手腕。用圆劲做下击的动作为"劈"。"搅"是圆劲。抽、带、提、洗的动作则须以直劲前后移动重心，再完成圆劲。压、截、格在危急时方可使用，平时以沾黏为主，除非对方已露出空门，机不可失，或对方的剑法诡异，声东击西，反应不及，否则应避免硬碰硬的技法。

　　在太极剑的运用上，有几项常用到的技巧。

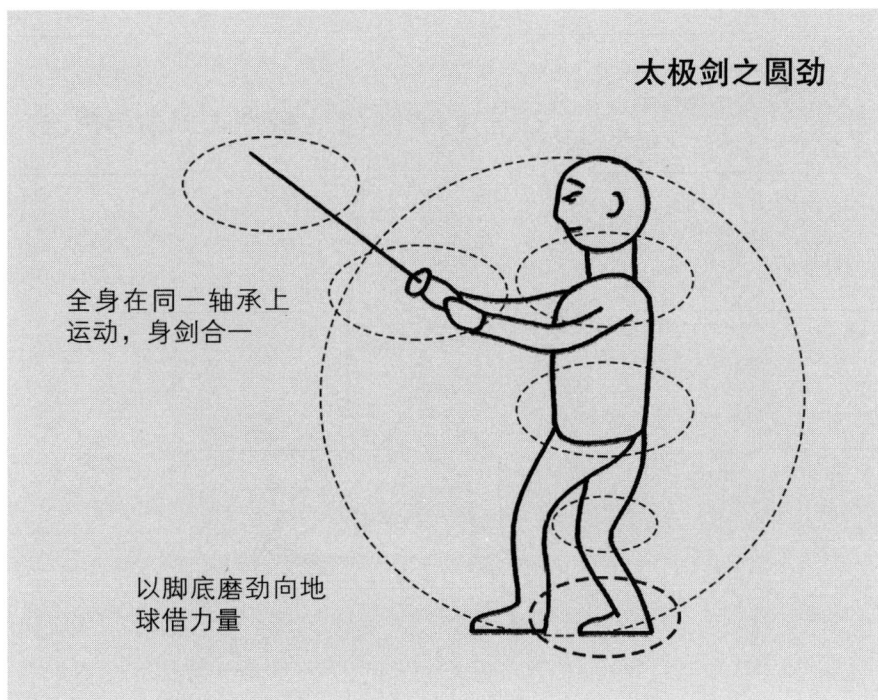

太极剑之圆劲

全身在同一轴承上运动，身剑合一

以脚底磨劲向地球借力量

（1）滑法：当对方的剑和腕与我方的剑在同一平面上时，顺势将我剑沿其剑面下滑，攻击其腕部。

（2）震法：用短劲（用脚底磨劲使髋关节快速而短促地扭动）震动对方的剑，引起其紧张和过度反应，乘势立刻攻击。

（3）挑法：我剑趁机由下往上挑，突然攻击对方手腕下方（劲力来自前脚向下踩的地面反作用力），重心迅速后移并略往下沉，这是运用直劲加上沉劲。

（4）搅法：以大剑圈或小剑圈封住对方的攻势，再伺机攻击。大剑圈以肩胛关节至腕关节为一体，配合全身的转动而做圆形运动。小剑圈则几乎只是利用脚底的磨劲，随着全身转动而小幅度画圈，腕部可随着全身转动而松柔地转动，但只是配合动作，意念仍应放在脚底。

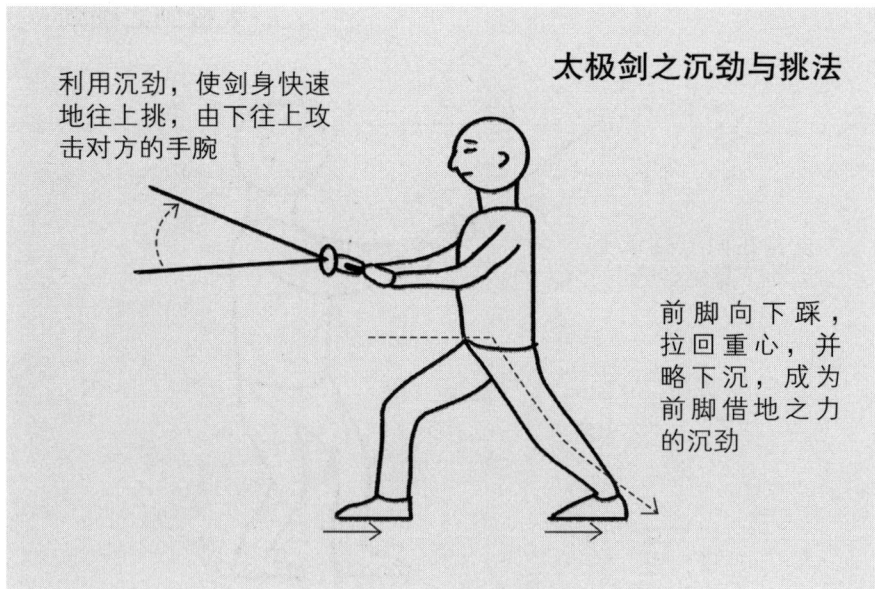

太极剑之沉劲与挑法

利用沉劲，使剑身快速地往上挑，由下往上攻击对方的手腕

前脚向下踩，拉回重心，并略下沉，成为前脚借地之力的沉劲

太极剑的基本要求

（1）剑是手的延伸，剑动是因为整个身体动。

（2）重心放于一只脚上，把来自地面的反作用力集中在一起，发挥最大效果。

（3）机动调整步法和身法，不可死守中定。必须能前进、后退、左顾、右盼，以最有力的角度调配直劲、圆劲、长劲、短劲。

（4）严格做到太极拳的基本姿势要求：松肩、垂肘、涵胸、拔背、顶头悬、尾闾中正、虚实分清。脊椎正，背部肌肉才会松；肘垂则肩部肌肉才不会收缩变僵。

（5）主要以拇指、食指、中指握剑，以无名指和小指辅助稳定剑

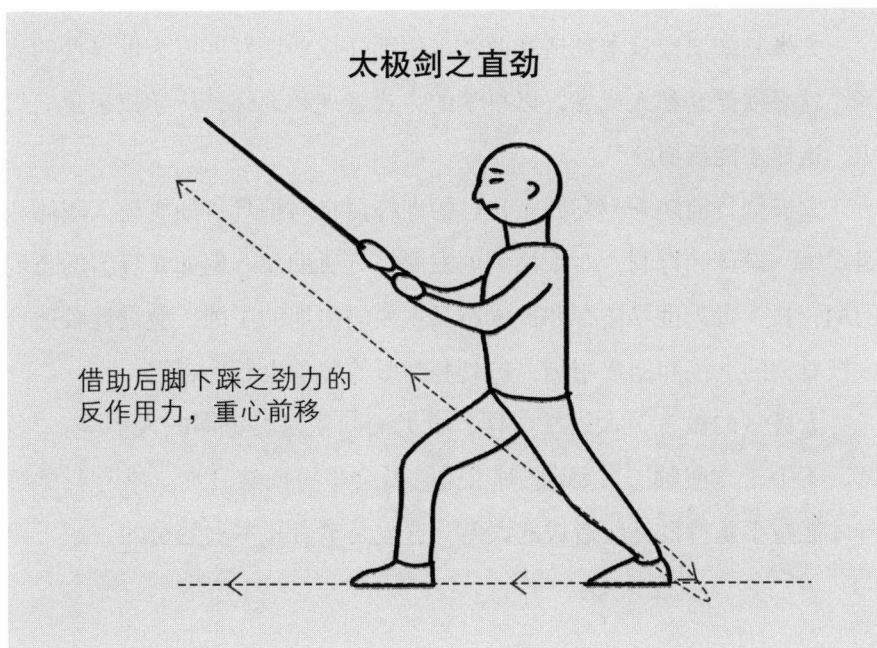

太极剑之直劲

借助后脚下踩之劲力的反作用力，重心前移

身，不可以全掌紧握，尽量减少小臂肌群的收缩，以免影响腕部的灵活转动。

（6）腕部关节的转动是整个肩胛关节与肩臂关节活动中的一环，配合脚底启动的全身转动，属于圆劲。

（7）一般右手单手持剑，左手屈拇指、无名指、小指，伸食指、中指，成为"剑诀"，协助稳定右手；必要时剑诀可发挥如太极拳"挤"劲的作用，合两手分力，出奇制胜。持重剑者，也可在必要时用双手持剑，但应尽量避免此种持法。

太极剑训练的要求

太极剑如要像日本剑道和西洋击剑那样成功地发展成为世界性的武术，就必须摒弃私人成见，以科学的方式管理和训练，从学校起建立组织，这样才能扬眉吐气。

太极剑目前缺乏一套属于自己的训练器材与护具，如有较大团体和组织统一设计和订制，对太极剑的发展将有所助益。例如，日本的竹剑的柄较长，贵为世界体育和武术用品主要输出地的中国，应设计较适合太极对剑的训练和比赛用剑，护具和制服等装备也有待制定。

太极剑的教育与太极拳一样，最大的问题是真正懂的人不多。"名师"不等于"明师"，谈到谁对谁错，就会争得面红耳赤。唯有科学解释才能减小坚持己见所造成的误差，这也是笔者写本书的目的。

一、基本训练

1．单人原地击法和进步击法，直劲的练习

要领：后脚施踩劲，力由脊发，由肩胛关节而非肘关节发动劲力向前，如太极拳的"按"，不可有明显屈臂和伸臂的动作。

2．单人原地刺法和进步刺法

要领：如上。

3．双人进步刺法

要领：以两剑接触点为支点，在对方未及反应的情况下，后脚底踩地，冲出，刺对方的胸部或喉头。日本剑道称之为"擦击法"。

4．双人进步击法

两剑在头部以上接触时，趁对方不备，以两剑接触点为支点，用后脚的踩劲或前脚的磨劲，迅速下击其头。

5．单人原地绞剑练习

可用做圆劲的基本练习。一开始可先持日本竹剑，做脚底磨劲→肩胛关节→肩关节→肘关节→腕关节→指掌关节的连贯动作，在胸前舞剑花。

要领：不可用肘关节或腕关节来舞动，应无明显的肘部内收和外展的动作，而是用由地面返回的劲力带动全身转动。上肢的动作仍是由肩胛关节起的整体的转动，这样参与的肌肉群更多、更完整。

6．双人原地沾黏劲练习

要领：一人守，一人攻。攻者想办法离开守者的沾黏纠缠以发动攻击。守者保持屈大腿和屈膝的单重姿势，维持与地面间的压力与反作用力，手部要轻灵。攻者的剑向左压，守者的剑也随其劲向左，引其劲到后脚底（根）。攻者的剑返右，守者利用刚才引到后脚底下的彼劲反弹，就像装了弹簧般自动复位，不用力顶，但始终沾住、黏住对方的剑。

攻方快，守方反应就快，不到最后关头不可用"格""截"的技法硬接。

7. 双人原地折叠劲练习

要领：如太极拳的折叠手，此练习的剑劲变化于直线与横线之间。当对方的剑欲将我剑往侧边打开，我则用走化的原理，不丢、不顶，以两剑的接触点为轴，化直线为横线，利用其劲力使我剑顺势而横，趁机下劈。

日本剑道也常在用横剑架住来剑后，顺势将横剑变成直剑，往下劈击对方。

8. 双人活步沾黏劲练习

要领：如太极拳原地沾黏劲练习法，加上步法、身法的变换，沿圆形练习，一攻一守。如攻者劲力迫近，无法闪躲，则守者在吸收其劲到后脚底后，一次"送回"给攻者，死里逃生。剑可以往上转圈，换方向再战。攻者则可用搅、滑、震、挑等法想办法找出或制造对方空门，攻击其腕部。

9. 双人震剑练习

要领：如太极拳之短劲，脚底快速磨转，髋关节同时短促且快速扭动以震动对方的剑，可向左、右震剑。日本剑道有"打击法"，即突然短击打开对方的剑，使其露出空门，再趁机攻击。

太极剑如以双手持长柄剑，以接地之力做震剑，威力比一般的打击法大很多，甚至可令对方失去平衡。

10. 抗力训练

要领：击刺废弃的轮胎、沙袋等，用于增强各部关节、韧带承重的能力，加强肌肉纤维的韧性。

11. 接劲训练

要领：可双人对练，一人以剑施压，一人通过脊柱的极微调整，使对方劲力的方向与我方重心线重叠，将对方的剑劲带到后脚底的地面；也可用晃动的重型沙袋做接劲练习。

二、实战训练

在没有正式的护具或护具太贵的情形下，可暂用日本剑道、西洋击剑或其他武术竞技的护具，尽量避免发生危险。无护具时，攻击应限于腕部，并戴上竞技专用手套，最好是指头可灵活运用的那种，以避免腕部受伤。最好戴上打壁球或其他的防撞玻璃镜。头部要戴上武术竞技用的头盔，如实在找不到头盔，安全帽也可派上用场。

指导老师如果因可以预防却没有采取预防措施而导致学生受伤，在欧美国家都可被控告，不可不慎。任何运动的报名表上都应注明或填明有无健康上的问题。学员有健康顾虑者应征询家庭医生的意见才可参加。

太极剑的实战，可先从一方守、一方攻做起。双方应抛开输赢的念头，以免变成手臂肌肉之争，久了积习难改。而且最好等到指力有相当的基础，足以用手指持剑时才下场模拟实战，否则势必将以手臂力量乱打一通，成为一场混战。

守方以沾住、黏住对方为首务，不可用力顶。通过剑的接触，仔细听对方的意图，观察对方两肩与喉头之间的动静，对方有所行动时，这个三角地带会先动。攻方则不要心烦气躁，应尽量用搅、滑、震、挑、

太极剑法的接劲与根

重心线

A攻击B

A

B

将对方的剑劲,经我之剑身、手、肩臂,循我之重心线,引至后脚底

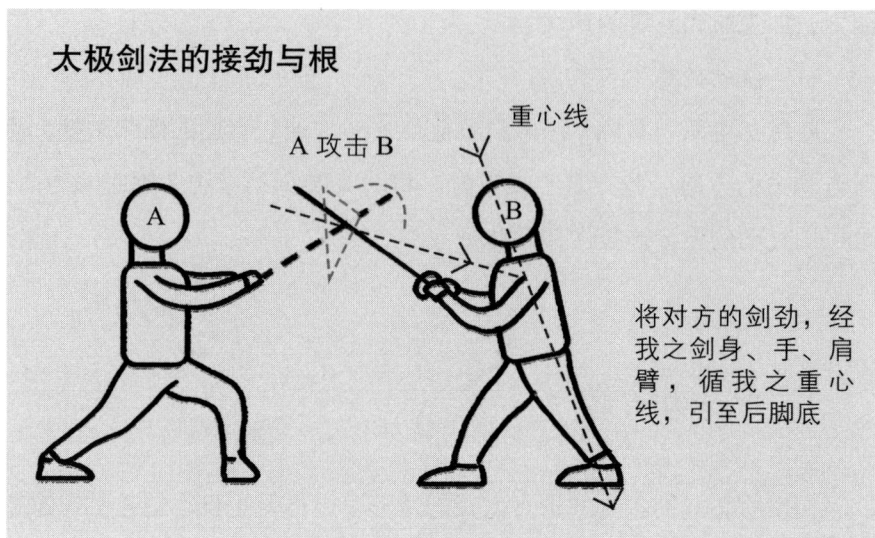

崩等技巧攻其手腕,不可用蛮力乱击。两剑接触的声音愈小愈好,完美的太极对剑是只有在击中时才发出清脆的响声。

经过单方攻守的训练后,可开始练习自由对剑。此时双方的情绪较稳定,已在先前的一攻一守中领悟到太极剑的精神,会有较合乎太极拳原理的表现。

太极拳剑之间

○ 发劲都是运用接地之力,力由脊发。

○ 接劲均用调整脊柱方向法,使对方劲力方向与我脊柱方向一致,把对方劲力引入后脚底。

○ 剑的沾黏攻守如拳的推手。将对方的剑以分力向两侧"带"开，如拳中的"捋"；"刺"其胸腹，如"按"；向前由下往上"崩"对方之手或剑，如"掤"；向侧后方撤步后"击"落对方之剑，如"采"；再顺势横剑取其首，如"挒"；双方近身，趁势以剑镡击对方之腹，如"肘"；也可趁势用肩膀靠其心窝，如"靠"。

强筋松心

太极剑是解释刚与柔之间关系的最佳榜样。剑要灵活，先要抓得住它，否则刚猛如剑道者轻轻一击就可能将剑击落。

若指力不足以抓住剑柄，只能用手掌抓，则前臂肌肉因此而僵硬，又怎能松？因此，"强韧"不能叫"硬"，"松柔"不代表"软弱"，心松才能肌肉松，如果连剑都拿不稳，只能叫"弱"。

双手持剑与单手持剑的比较

双手持剑则剑柄要长，一只手用掌拉，另一只手用指控制方向，适合直线、弧线攻击和使用单刃武器；挥剑时剑身稳固，快、狠且准；缺点是两肩关节互相牵制，剑的活动角度受限，必须以身法和步法弥补此不足。

单手持剑只能用一只手的手指握剑，指力的训练需要更长的时间，并用左手剑诀护住右手，一方面稳固剑身，一方面以分力助劲。单手持剑时，若不能以手指紧握剑柄，而以手掌握剑，则前臂肌肉僵硬，既比双手剑的劲力弱，也无法发挥单手剑的灵活度。

太极剑贵在其力学原理。长且重的剑若有长柄，可双手持剑当作札杆用；如指力和肩背肌肉强韧，能承担和传导较多的重量，单手也能挥剑自如，加上剑有双刃，则更具胜算。轻剑不能硬碰，只能以灵巧方式应敌，故应单手持剑；轻剑应有双刃，才能在任何角度下伤敌。

剑的灵魂，不在持剑的手，而在用剑者的功力。功力不够，就算有名剑在身和上乘武学也无济于事。剑的威力，不在剑的好坏，如明上等力学原理，加上刻苦练习，致功力深厚，则即使树枝当剑，亦能得心应手，克敌制胜。

剑非剑

太极拳和太极剑的力学基础是一样的，剑术达到一定程度后，即使手上拿的不是剑，一样可发挥惊人的威力。只要懂得向地球借力量，力由脊发，用水浸湿的毛巾、夹克、伞、小棍棒，这些都可以为"剑"。我还将这种力学原理运用在打飞镖上，手持"暗器"，从黄豆、石块、玻璃珠到钢珠，均可利用脚底磨劲，配合髋关节、肩胛关节、肩关节、腕关节同时快速运转，来实践太极拳的力学原理。

学太极拳在太平盛世可以健身、养性，在乱世可以自保防身。哪怕只有方寸之地，也可学得上乘武学。

武德

　　曾经有一位武术界前辈被问了一个很有意思的问题：当你走在路上，突然有一名醉汉迎面走来，你该如何处置？前辈的答案很简单：从旁边绕开，不跟他碰上就可以了。

　　趋吉避凶是最好的策略，避开不必要的名利、酒色、暴力、黑暗、阴气、人潮、车潮、权谋、低俗的娱乐，避开哪怕藏有一丝危机的场所和时间。日出而作，日落而"习"——太阳下山后就集中在小区中心运动，在健身房内锻炼，或留在家中看电视、阅读。

根

　　根，在武术的领域中，是指武术家的重心稳固，就像大树的根一般深入地下，没有人可以移动他一步，即使许多人排队一起推他，他还能纹丝不动地屹立。

　　有很多习武者坚信有根，但否认自己是用身体和手臂去抵挡外力的。事实上，这很容易验证，我们只要在推他时突然撤回力量，如该习武者因失去平衡而向前跌扑，就表示他是用身体在顶外来的推力，不是真的有根。

　　况且当一个人用身体和手臂来硬顶时，不需片刻他就会筋疲力尽、气喘吁吁。而真正的根是持久且省力的，一场战役下来，高手仍是神态自然，面不改色。

吸收能源

　　太极大师郑曼青的根，可谓一绝。他可以单脚只手同时挡住多人自四面八方的推势，其原理不像一般的做法，并非使劲将双脚钻入地面，而是利用身体的结构，使来力方向与我方重心线相叠，将来力引至后脚底的地面，身体就像一座桥将对手的能量传导到地球上，这桥本身并不需要抵抗外力，如此就可省下许多顶和抗的体力，轻松御敌。

　　换言之，如果我们能将来力经脊柱传向后脚底，就可以省下许多能量，保持身体的松柔。

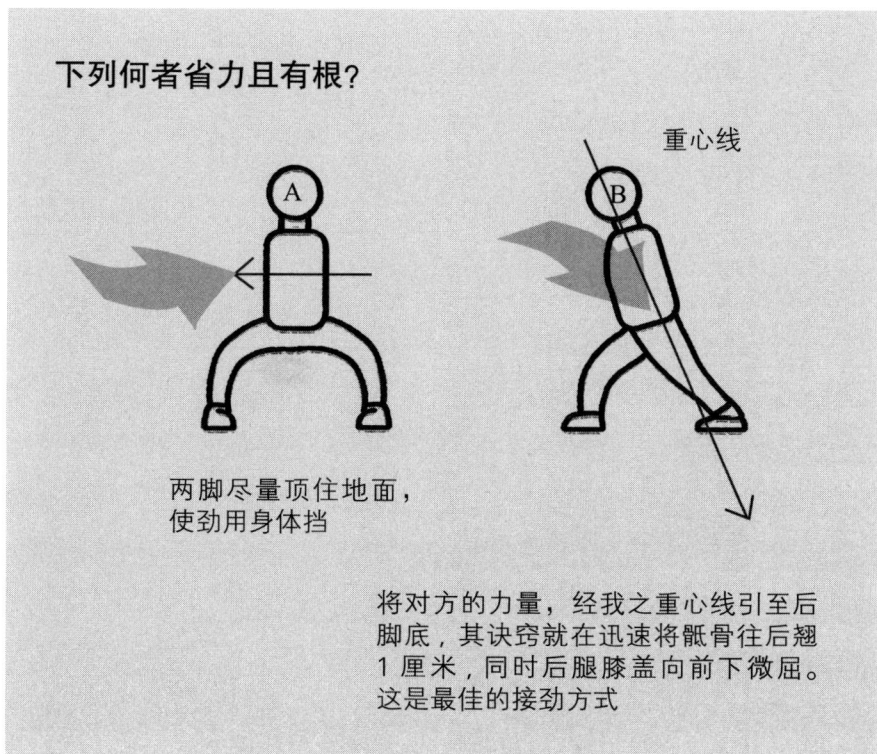

下列何者省力且有根？

重心线

A

B

两脚尽量顶住地面，
使劲用身体挡

将对方的力量，经我之重心线引至后
脚底，其诀窍就在迅速将骶骨往后翘
1厘米，同时后腿膝盖向前下微屈。
这是最佳的接劲方式

站桩

中国传统武术多是以站桩为筑基训练，一个成功的武者，往往每天要花 1 个小时以上的时间来站桩。站桩的功用主要如下：

（1）我们双腿打开，适度屈膝，大、小腿承担并传递身体的重量，平均分布到脚底板上。腿和脚的肌肉因不断承受重力变得强而有力，且处于被压缩的状态，久而久之，就能像两个大木桩一样把力"钉"入地面。除了调整我们自己的重心之外，也可用腿脚肌肉的收缩力量，使自己处于更平稳的状态。这是一种初级的根，建立在"桩子"的观念上，所以叫作站桩；

（2）持续的压缩惯性使腿部在扭、踢等各方面更富强力；

（3）站桩是锻炼精气的简易方法，其道理很简单。当我们直立时，体重自然沿着骨架的方向朝下落于脚部偏脚踵的位置，如果这时想让重心平均分配到脚底，身体须稍向前倾。但是，站桩时就不同了，因为两腿张开、两膝微屈，腿脚部位的肌肉要承受来自上半身的重量，实在很累。此时通过交感神经的网络系统，人体就会向大脑发出求救信号，请求增加能量应急。大脑收到信息后立刻加以汇整，给肾上腺等部位下令，要求加速新陈代谢，提供人体更多能量。于是站桩几分钟后，人就会感觉全身温暖、手心发热，甚至流汗等。

站桩的这个妙用近几年来被用在各种健身气功的练习中，也算得上在养生方面所做的一大贡献了。

当然，真正的根必须建立在更高一层的武学基础上，其训练也必须经过明师的精心设计。最重要的是，在受到外力时，能适度调整脊柱的角度，使外力被引导到后脚底，这固然仍需要各部肌肉和关节的有力支撑，但因其立论在于引流，不在阻挡，就不会虚耗体力了。

站桩可分单脚桩和双脚桩。最常见的是马步桩（如下图），重量平均分摊于两腿脚，较省力，适合初学者习练。手臂则可选择在胸前抱圆或自然放在两胯前。举臂较累，但也同时训练臂部肌肉的耐力；同时垂肘以保持三角肌的松柔，以免肩膀日后变僵，失去灵活度。

另一种姿势是单脚桩，全身重量由一只脚来负担，非常吃力，但增进精气的效果神速。动作上则可选用现成的太极拳的招式，如提手上势、手挥琵琶、单鞭等。快则 3 分钟，就会通体发热，令人神采焕发。

我曾经在零摄氏度的室外练拳，三套拳架打完后仍未能暖身，于是毅然决定站单脚桩，随取提手上势，5 分钟后即全身暖和，可见站桩的效用。

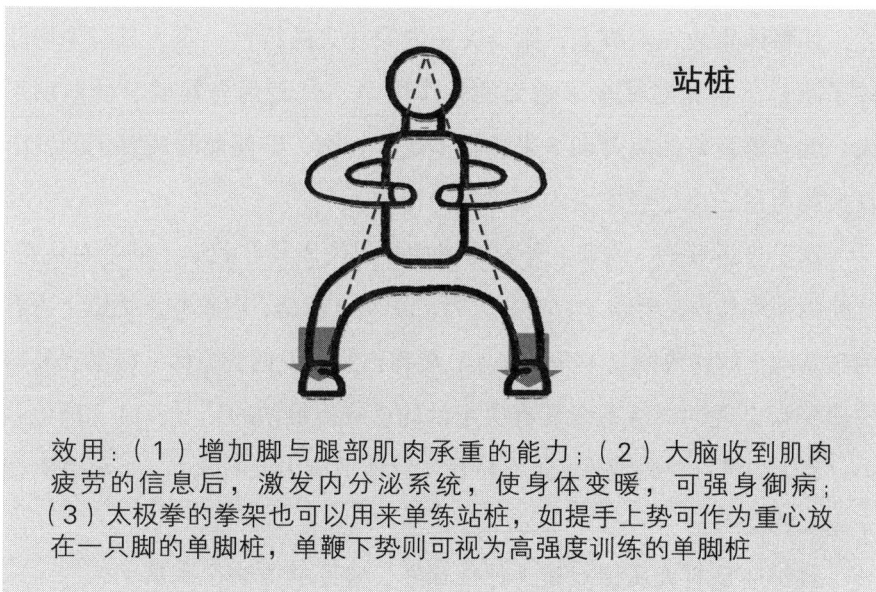

站桩

效用：（1）增加脚与腿部肌肉承重的能力；（2）大脑收到肌肉疲劳的信息后，激发内分泌系统，使身体变暖，可强身御病；（3）太极拳的拳架也可以用来单练站桩，如提手上势可作为重心放在一只脚的单脚桩，单鞭下势则可视为高强度训练的单脚桩

搭公交车或地铁时

当你在搭公交车或地铁、城铁时，别忘了充分利用这个机会练习你的根与走化技巧。把重心交到一只脚上，随着车子的晃动、转弯，利用脚底与地板的原地磨劲，旋动全身于一个轴承上。如果你能做到不必握住扶手，则表示根与走化能力已有相当成就。不过应量力而为，注意安全，以免发生危险。

单重还是双重

内家功夫中，太极拳、八卦掌、形意拳等都采取单重系统。换言之，如将体重放在双脚上，则会失去内家功夫的特色。因为双脚平均分摊了重量，也相对减少了地面的反作用力，其表现与其他拳种差别不大，除非靠良好的肩臂训练来弥补不足，否则，即便此时肩臂仍能发出巨大的力量，也已经失去内家功夫的特色。

这里告诉我们，内家、外家的属性并不代表其在武学上的绝对优势，严格的训练与自我要求才具有决定性的影响。但是，内家拳在力臂上占有力学基础上的优势则是不争的事实；要将内家拳发挥到极致，科学且易解的诠释和合理的训练系统具有决定性的影响。最怕的是习者过于神化劲力，疏于力臂以外的锻炼，虽有特色，但练不成顶尖的武术，那就真有愧于先人的发明了。

或许还是有人质疑双重为什么不好，验证的方法很简单。

（1）将全身体重放到双脚上，然后转动身体；再将体重放在一脚

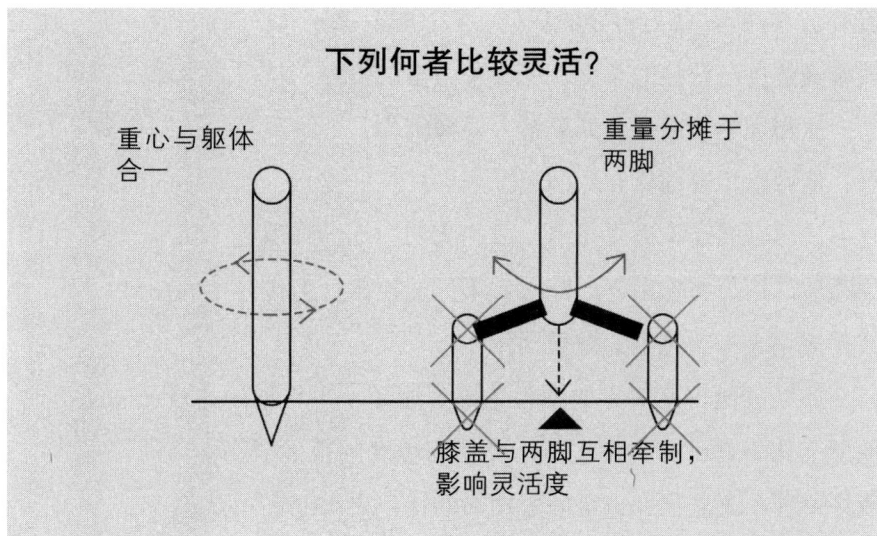

上，然后转动身体。现在比较一下何种情况下身体转动的角度大？答案当然是体重放在单脚时。

（2）当我们站在月台上等车的时候，如果突然有人从后面推我们，单重比双重安全许多。因为当体重放在两脚上时，两侧都受到重力的影响，失去了灵活度；但如果放在一只脚上，整个身体如同在一个轴承上运转，自然灵活许多。

根的运用

根的建立可保护我们免于被推或被抛。当有人要摔我们时，我们可先将一手贴到对方的腰、颈上，或将自己的膝盖顶住对方的腘窝部（膝盖后），打断其劲力传导的任何一段（腿—腰—颈—肩—臂—肘—腕），试着调整自己脊柱的角度，引导来力至后脚底，就可基本保持平衡。

从物理学上来看，如果某人要摔倒你，他必须至少控制你身上的两点。他可以用臀部靠在你的腹部当作杠杆的支点，抓紧你的肩膀或肘部之一，尽可能让你失去平衡；或用脚勾扫你的脚踝或小腿等。然后再用脚蹬地，用力将你抛开。此时如果你能拦截劲力传导中的任何一节，他就无法完成一次完整的抛投动作。

如果你懂得把对方的劲力传导到地面，再将他的力量加速还给他，他就会伤于自己的力量之下。受伤的程度则视他欲伤害你的程度而定，或许这种一念之仁，也是内家功夫的特色之一吧！

附录

经典拳论

太极拳论

　　太极者，无极而生，动静之机，阴阳之母也。动之则分，静之则合。无过不及，随曲就伸。人刚我柔谓之"走"，我顺人背谓之"黏"。动急则急应，动缓则缓随。虽变化万端，而理唯一贯。由着熟而渐悟懂劲，由懂劲而阶及神明。然非用力之久，不能豁然贯通焉！

　　虚领顶劲，气沉丹田，不偏不倚，忽隐忽现。左重则左虚，右重则右杳。仰之则弥高，俯之则弥深。进之则愈长，退之则愈促。一羽不能加，蝇虫不能落。人不知我，我独知人。英雄所向无敌，盖皆由此而及也！

　　斯技旁门甚多，虽势有区别，概不外乎壮欺弱，慢让快耳！有力打无力，手慢让手快，是皆先天自然之能，非关学力而有为也！察"四两拨千斤"之句，显非力胜；观耄耋能御众之形，快何能为？

立如称准，活似车轮。偏沉则随，双重则滞。每见数年纯功，不能运化者，率皆自为人制，双重之病未悟耳！

欲避此病，须知阴阳。黏即是走，走即是黏；阴不离阳，阳不离阴；阴阳相济，方为懂劲。懂劲后愈练愈精，默识揣摩，渐至从心所欲。

本是"舍己从人"，多误"舍近求远"。所谓"差之毫厘，谬之千里"，学者不可不详辨焉！是为论。

王宗岳　著

十三势行功要解

以心行气，务沉着，乃能收敛入骨，所谓"命意源头在腰隙"也。意气须换得灵，乃有圆活之趣，所谓"变转虚实须留意"也。

立身中正安舒，支撑八面；行气如九曲珠，无微不到，所谓"气遍身躯不稍滞"也。

发劲须沉着松静，专注一方，所谓"静中触动动犹静"也。往复须有折迭，进退须有转换，所谓"因敌变化示神奇"也。曲中求直，蓄而后发，所谓"势势存心揆用意，刻刻留心在腰间"也。精神能提得起，则无迟重之虞，所谓"腹内松静气腾然"也。

虚领顶劲，气沉丹田，不偏不倚，所谓"尾闾正中神贯顶，满身轻利顶头悬"也。以气运身，务顺遂，乃能便利从心，所谓"屈伸开合听自由"也！心为令，气为旗，神为主帅，腰为驱使，所谓"意气君来骨肉臣"也。

武禹襄　著

太极拳经

一举动周身俱要轻灵。尤其贯串。气宜鼓荡，神宜内敛。无使有缺陷处，无使有凹凸处，无使有断续处。其根在脚，发于腿，主宰于腰，形于手指。由脚而腿而腰，总须完整一气。向前退后，乃能得机得势。有不得机得势处，身便散乱，必至偏倚，其病必于腰腿求之。上下、前后、左右皆然。

凡此皆是意，不是外面。有上即有下，有前即有后，有左即有右。如意要向上，即寓下意，若将物掀起，而加以挫之之力，斯其根自断，乃坏之速而无碍。

虚实宜分清楚，一处自有一处虚实。周身节节贯串，无令丝毫间断耳。

选自武禹襄的《十三势说略》

太极拳释名

太极拳，一名长拳，又名十三势。长拳者，如长江大海，滔滔不绝也。掤、捋、挤、按、採、挒、肘、靠，此八卦也。进步、退步、左顾、右盼、中定，此五行也。掤、捋、挤、按，即乾、坤、坎、离，四正方也。採、挒、肘、靠，即巽、震、兑、艮，四斜角也。进、退、顾、盼、定，即金、木、水、火、土也，合之则为十三势也。

选自王宗岳的《太极拳释名》

十三势行功心解

以心行气，务令沉着，乃能收敛入骨。以气运身，务令顺遂，乃能便利从心。精神能提得起，则无迟重之虞，所谓"顶头悬"也。意气须换得灵，乃有圆活之趣，所谓"变转虚实"也。发劲须沉着松静，专主一方，立身须中正安舒，支撑八面。行气如九曲珠，无微不到，运动如百炼钢，何坚不摧？

行如搏兔之鹘，神如捕鼠之猫；静如山岳，动若江河。蓄劲如张弓，发劲如放箭。曲中求直，蓄而后发，力由脊发，步随身换，收即是放，放即是收，断而复连。

往复须有折迭，进退须有转换。极柔软，然后极坚刚；能呼吸，然后能灵活。气以直养而无害，劲以曲蓄而有余。心为令，气为旗，腰为纛。先求开展，后求紧凑，乃可臻于缜密矣！

又曰：彼不动，己不动，彼微动，己先动，劲似松非松，将展未展，劲断意不断。

又曰：先在心，后在身。腹松净，气敛入骨，神舒体静，刻刻在心。切记一动无有不动，一静无有不静。牵动往来气贴背，敛入脊骨。内固精神，外示安逸。迈步如猫行，运劲如抽丝。全身意在精神，不在气，在气则滞。有气者无力，无气者纯刚。气如车轮，腰似车轴。

　　　　　　　选自武禹襄的《太极拳解》和《太极拳论要解》

问答集

问：有人说太极拳并不是张三丰所创，而是陈王廷所创，这是真的吗？

答：经顾留馨、唐豪、吴图南、雍阳人、赵斌、宋志坚、于志钧等人考证，太极拳应该早在唐朝就已存在了，北宋张三丰是集大成者，其后的王征南、张松溪、王宗岳则对太极拳的开花结果扮演了重要的角色。

至于陈家武功，原以少林炮捶著名，太极拳是由王宗岳的弟子蒋发传给陈长兴的，但原太极十三势并未列入陈家武功中。陈式太极拳的圆劲自成一格，有其价值所在。目前的杨式太极拳则是融合陈家武功与太极十三势而成的。

问：英文将"按"翻译成push，将"挤"翻译成press，是否适当？

答："按"的动作，顾名思义是没有手臂屈伸动作的技法，而push的解释则是"推"，动作是将手臂后屈，再往前伸，这在实质上已偏离"按"的定义，是错误的翻译。事实上，"按"应译成press。至于"挤"，应翻译成squeeze。

问：太极拳的"单重"和"双重"，与"虚实分清"有何分别？

答：太极拳要求单重，与虚实分清是一体两面，异曲同工。单重就是说将重心放在单脚上，此时，这一只脚是实的，而另一只脚则是虚的。

问：有人将练习太极拳时双脚的重心分布解释为百分之三十轻、百分之七十重，这是正确的吗?

答：这是错误的。单重的意义主要指重心的所在。如果重心全部在一只脚上，则从头到脚就形成了单一的树干（转轴）般，其他的手脚则只是树上的分枝，随着整个树干移动，即使他们本身仍具重量，但已在树干之外，在太极拳的劲力上，并无积极的意义。所谓"虚实分清"，"虚"和"实"都是属于绝对值，没有所谓百分之三十虚、百分之七十实的说法，也不像轻重可以有不同的级别。况且大多数的武术都要求重心三七分，如果太极拳也是如此，那它与其他武术又有何不同呢? 不过，单以健身和修身养性为目的，三七分是可以接受的，因为在学习上较容易，也不计较重心与地面之间作用力与反作用力的多寡。

问：所谓"力由脊发""太极不动手"是怎么回事?

答：这是太极拳的深妙之处，因为在太极拳运动中手臂只是随着身体移动，就像树干上的树枝般。所谓力由脊发，是指手臂在做各种动作时，从肩胛关节到手指端视为一个曲杆，没有肘关节的屈伸动作，没有肩关节、肘关节、腕关节的个别动作，曲杆只是随着全身这个大轴承移动，其劲力主要来自重心所在的一只脚与地面间的作用力与反作用力。因此，我们不说力由肩发、肘发，而说"力由脊发"。反言之，既然没有肩、肘、腕的个别动作，仿佛手臂根本不动，那么可以说"太极不动手"了。

问：太极拳有这么多门派，应该学哪一种比较好?

答：学太极拳最重要的是要学其劲力精髓，哪怕只学最原始的十三势，只要在前进、后退等方向的转换上合乎太极拳力学原理，像其他各种运动一样，每天有计划、有目标地在劲力和体能方面下功夫，不沉醉于酒色财气，作息有时，就必能有成。

一般而言，陈式太极拳耗能较高，较具攻击性，许多年轻人都很喜欢。杨式、吴式、郑子（郑曼青）太极拳等则较柔和。陈式太极拳也已出现松柔的版本，可随个人兴趣选择。不过，陈式太极拳发劲以旋风式的圆劲为主，其他多以直劲为主，不妨取长补短，只要得其精神即可，不一定要学习所有的拳架。

问：所谓合乎太极拳力学原理，到底要怎么练呢？

答：最重要的就是将全身重量放在一只脚上，使全身在同一轴承上，把地面对人的反作用力集中一个方向，没有分力，像火箭般前进或后退，像旋风般旋转。所谓"蓄劲如张弓，发劲如放箭"就是讲的太极拳的力学。详解可参考本书相关章节。

问：怎样求得名师呢？

答："名师"不如"明师"，"明师"必成"名师"。太极拳应讲求知而后行，然后知行合一。如果没有科学根据，就是说破了嘴，也辩论不出所以然来。在看完、消化本书后，加上自己的体会，自然懂得求师之道。求得明师可省下数十年的学习历程，否则数十年后脚下仍然无根，动手出脚不知向地球借力量，无异于蹉跎光阴。

问：现在的太极拳比赛有何弊病？应如何改良？

答：太极拳比赛分拳与器械两种，并有套路表演与推手比赛之分。因太极拳属于极为精细的运动，从外表上很难看出选手对太极拳的认知程度如何，因此太极拳和器械的套路比赛较适合表演，其名次也不能与武术上的意义画上等号。

推手比赛分定步和活步两种。定步推手，选手不能移动脚步，双方以双手接触，借重心的前后移动、双手的沾黏来探得对手的动向，以便化开对方攻击或乘虚取胜。在防守上因不能移动位置，只能化不能走。因此，如果选手的高矮相差太多，比赛的立足点就很不公平，因为手长脚长的人即使不前后移动重心，其手臂也可超越对手的重心线，随时攻击对方。按理说，矮的一方必须以"走"的方式把重心移动到对方手臂不及之处，才能避免被攻击到。有些比赛安排双方选手先单臂推手热身，如果裁判喊开始时，矮个子正好重心在前，即可轻易被对方推倒。改善之道是以身高来分级，这样才能看出太极拳的特点，哪怕对手再胖，也可借地球之力推开对方。

至于活步推手，圈子太大会变成体能比赛，即使能够将对方引进落空，也未必能将对手推出圈外。因此，圈子应缩小到引进落空后再加一个动作就可将对方推出圈外的范围。可延长回合数来测试双方体能，此时的分级可采用双向制，既可按体重也可按身高，因为选手都可以移动方位。

推手比赛最大的弊病是接手时的单推热身运动，它违反了任何武术以最自然的方式接触的原则。自然接触可避免因个人身高、比赛规则等产生的原始不平等。

太极剑比赛仍停留在套路比赛上，与西洋击剑、日本剑道的实事求是相比颇有不足。目前发展太极剑实战的人中以中国台湾省嘉义市的陈取宽师傅最为成功。因此，建议集思广益，研究出一套太极剑比赛规则和护身器具，进一步发挥太极拳力学于器械，认真品味以气御剑的乐趣。

问：太极拳讲求松柔，是不是说肌肉强韧的人就不适合练太极拳？

答："松柔"不是"软弱"，松在于心松，而非弃械投降式的软弱。"松"要求在做任何动作前尽量不使身体和手臂的肌肉收缩，身心应处于放松的状态。喜欢看李小龙电影的人可以发现，李小龙在攻击前处于肌肉放松的状态，因此他不论击还是踢的速度都快得惊人。肌肉不收缩，加速度才会快，应变能力才会好。有强韧肌肉的人，只要能将心放松，攻击前或防御时肌肉不处于收缩状态，就是松柔的表现。如果肌肉不发达，遇敌就紧张，肌肉紧绷，又有何松柔可言？在持器对决时这种感受最强烈，如果手指头连剑都握不住，对方一打，剑就掉到地上，连交手的机会都没有，这是软弱，不是松柔。

问：太极剑的剑柄应该以圆柱形还是扁圆形为佳？为什么太极剑不容易练好？

答：从生物力学的角度讲，剑柄应该以圆柱形为佳，因为手腕转动时手指接触圆柱的面积均匀，较能持稳剑身，转动时角度一致，较为灵活。剑法以灵活轻快为特色，不像刀那么重、狠、稳，因此剑一定要用手指来"持"，绝不能用手掌"握"剑。用手掌握时，整个手掌和前臂的肌肉处于收缩状态，肌肉僵了，且掌心没有空间供剑柄转动，剑身就不可能灵活。

问：左手指形成的剑诀很重要吗？

答：剑诀是左手屈拇指、无名指、小指，竖食指、中指而成的手势，在运用上极为重要，尤其当对方双手持刀、棍时，左手剑诀可适时与持剑的右手结合，形成如拳法中的"挤"，加倍运劲于剑身；也可突然放开剑诀，抢夺对方武器，或以拳法中的"按"来按倒对方；当对手强劲时，最好时刻将剑诀搭在右手腕上，以备不时之需。这些都必须以拳的接地之力为基础，否则只是绣花剑，中看不中用！

问：练太极拳可以练习击、踢沙包吗？

答：当然可以，只要击、踢的劲力合乎太极拳的要求。换言之，击法不论用掤、捋、挤、按、前踢、扫踢、摆腿，只要是利用脚底对地面的压迫和磨转的反作用力，就是太极拳的技法。沙包、沙袋，甚至健身用的器材，均可经过设计，以合乎太极拳原理的方式训练，不必画地自限。

问：练太极拳可以慢跑、爬山吗？必须忌口吗？

答：可以。这些运动都有助于增强心肺功能，提高耐力与应战的持续能力。练太极拳除健身外，也应修身。抽烟、酗酒等会增加罹患肺癌、肝癌、胰脏癌、中风、心脏病的概率，咖啡、槟榔以及刺激性和腌制的食品也应少吃。

问：太极拳的折叠手技法，可否用在太极剑上？

答：从太极拳的力学角度上讲，没有拳、剑、刀、杆的区别，只有是与不是的认知问题，因此折叠手在剑的运用上就是"折叠剑"，是剑从直线自然地转换成圆线的技法。当对方猛然将我剑向旁侧击开欲趁虚攻击我时，我以灵敏的听劲顺势借对手的剑劲使剑自然横摆，向其头部击去。这种技法即使在日本剑道也有之，所不同的是太极剑以单手操剑、速度较快，日本剑则较重、较狠。剑与拳的道理是一样的，直线变圆线可顺势保护自己，圆线的形成即蓄劲攻击的开始。

问：太极拳法在何种方式下速度最快？可不可以一开始就握紧拳头？

答：太极拳击出时应遵循"太极不动手"的原则，也就是说击出的劲力不是来源于肘关节的一收一放，而是靠接地之力，全身一致将手臂荡出。因此，击出的最佳动作应该是手臂向下自然下垂、放松，全身重量放在一只脚上，然后脚底磨劲带动全身在同一轴承上快速转动，使手臂像钟摆般以最松的状态荡出，其速度之快将无以比拟。因此，在未接触对手身体前，只能微微握拳，不可用力，不可让手臂肌肉收缩。因为肌肉一收缩就僵硬了，僵硬了就会延缓出拳的速度。

手臂荡出后，在接触对方身体的一刹那握拳，换言之，从挥拳到接触，速度保持力学上的最快极限，没有丝毫的浪费。虽然面带微笑，根本没有用力的迹象，但因速度奇快、撞击力大，很少人能承受得了。而且，手臂自下垂位置荡出的最大优点是，以 45° 斜角透入对方腹部，减少对对方腹肌的正面撞击与其反作用力，即使对方练过"铁布衫"，也不一定受得了。

问：练太极拳者与柔道、柔术、摔跤等选手对战时，应注意什么？

答：要使太极拳发挥应有威力，最重要的是保持立身中正。因比赛规则不同，柔道、柔术等几乎把抓肩、抱颈视为正常手法。对太极拳而言，脊柱一定要随时保持中正，如果在较技中脖子被控制住，则躯体已弯，太极拳的精神也就消失了。通常在此之前，太极拳家就以挤法震伤对手内脏，以寸劲使对手失去战斗能力。或实脚向前施以磨劲，虚脚迅速荡出，在不影响自己重心的情形下，攻击对手膝盖以下的部位；或屈食指，以实脚磨劲带动食指钻其肋间神经敏感的部位，双手自外夹住其肘关节，以后脚接地之力发按劲；或双手变指，插入对方双腋后发按劲。如果不小心被摔倒、抱倒在地，当对方坐在我胸腹部企图用双手掐住我喉部时，那么仍可用接地之力来解围并同时反击。

一只脚脚底完全压实地面，利用该脚底与地面磨转快速产生上半身的扭力，并依下列方式反击：（1）利用脚底的扭力与全身的旋动，将对方从我身上震开；（2）双手立刻相叠，朝对方胸腹部，尤其是胸股柄下缘的肝区施以猛烈的短劲，使其失去战斗能力（重伤）；（3）双手屈食指，配合全身扭力，以食指关节钻其肋间敏感位置；（4）拿住其肘后关节，脚底向下踩，使身体向头部方向上跃，趁势伤其肘关节；（5）以指力痛压对方肘关节前后的小海穴（屈肘，在尺骨鹰嘴与肱骨内上髁间凹陷处）、少海穴（屈肘，当肘横纹内端与肱骨内上髁连接的中点）、曲池穴（屈肘，在肘横纹外端与肱骨外上髁连线的中点）、手三里穴（前臂桡侧，曲池穴下两寸）。

以上手法经与巴西柔术选手对练测验，效果很好，其特色在于以接地之力在短距离内发动攻击。

问：陈鑫在陈式太极拳的发展史上，居何种角色与地位？

答：陈家武功普遍冠上太极之名，应在陈鑫（1849~1929）著书立论之后。陈鑫是文人出身，在撰写《陈氏太极拳图说》的十二年中，他多方搜集资料，多少受其邻里杜育万的影响。该书载录《杜育万述蒋发受山西师传歌诀》与武禹襄（1812~1880）所写的《十三势说略》几乎相同，这是太极拳原理的真正核心。

陈鑫对陈家武功的劲力分析，尤其在缠丝劲方面有独到之处，可惜书中缺乏太极十三势的踪影，无法直接证明陈家武功与太极拳的关系。不过，剔除高踢和低坐的动作，在《陈氏太极拳图说》中仍可见若干太极拳原理的存在。

陈鑫撰写家乘族谱，使陈家武术名正言顺地泛太极化。严格地说，以对太极十三势的记载与认知而言，陈长兴（1771~1853）应是陈家太极拳的第一人。

陈式太极拳的螺旋式动作，配合一刚一柔的收放，自成一格，其武学与肢体美学的价值仍广受学习者肯定。

脊柱骨盆端正百病消

笔者多年来致力于脊柱矫正与内科疾病的研究，发现许多身体骨节的疼痛，甚至久久不能治好的内科疾患，都是脊柱、骨盆歪斜惹的祸，最常见的就是偏头痛、眩晕、痛经等（与脊柱歪斜有关），和大部分的足底筋膜炎、膝关节痛、腰背痛等（与骨盆歪斜有关）。这些疼痛都可能在数秒到数十秒内缓解。

SCC 柔适整脊疗法可为世界省下巨额医疗开支

柔适整脊疗法（Soft Cure Chiropratic，SCC）是笔者自创的整脊方法，其中最具特色的就是枕颈复位术（Occipital and Cervical Reduction）、骨盆四点（Pelvis Four Point Diagnosis）。SCC 突破了欧美传统整脊的教条，提出大部分颈椎移位都是因颈椎受到头骨挤压而整排旋转，当颈椎移位时，只要头骨复位，颈椎也会自动归位的观点。传统冈斯德整脊的顿挫方法不可能有效改善这种情况。

使用柔适整脊疗法最快只需要几秒钟的头骨调整，就可以让落枕、肩颈酸紧、头痛、头晕马上消失；通过骨盆的调整，使腰腿痛缓解的时间也都可以达到以秒计算。更重要的是，一些妇科、神经科、肠胃科的疾病，事实上也都与脊柱、骨盆的移位有关，都可以通过 SCC 马上获得缓解。如果世界各国的医疗保健体系都能使用 SCC，一定可以省下巨额医疗开支。

关于疼痛

通过数以万计的 SCC 临床实例可知，运用柔适整脊疗法让移位的头骨、脊柱与骨盆复位，可让大多数的偏头痛、眩晕与痛经症状在数秒钟内消失，复杂点的约需数十秒。如果只能让患者终其一生服用止痛药、肌肉松弛剂与末梢循环改善药，实在是很遗憾的事。

笔者发现，急慢性的腰腿痛和妇女的痛经、子宫肌瘤、子宫腺瘤、卵巢囊肿、子宫内膜异位等，都可以在病侧的尺脉中出现病理脉。换言之，当骨盆移位压迫到腹腔的动脉时，就会影响血液在盆腔的正常循环，就容易导致疼痛，甚至产生异物。妇女的痛经运用 SCC 调整骨盆来治疗，几乎可以立即止痛。有些女性在月初只调整一次，月底来月经时就不痛了。临床上有些女孩痛经痛到昏倒或呕吐的，也都可以马上痊愈。

母亲怀胎时胎位不正、作息不良等，都可能造成婴幼儿出生后患上各种疾病，如气喘、过敏、抽动秽语综合征、头痛、眩晕，这些可能是颈椎歪斜造成的，因此在诊断儿童相关疾病时，绝对不能忽略其在母体内时的胎位。更重要的是，要注意婴幼儿在出生的过程中是否有难产或用外力拉出、吸出的情形，因为婴幼儿的颈椎或头骨经常在此时移位。

对一般人来说，低着头看手机、两臂悬空或侧着头看电脑屏幕、侧着头趴睡、坐或躺沙发椅，都是造成颈椎移位而引起头痛、头晕的原因，也是造成腰椎向后倾与腰酸背痛的原因。

跷二郎腿容易造成髂骨前内旋而导致足底筋膜炎、膝盖软骨磨损。

骨盆旋转往往导致 X 线片的误判，最常见的就是股骨内旋误判为软骨消失，事实上将骨盆调正，软骨就出现了。骨盆扭曲还会造成躯干与器官的扭曲，造成脊柱侧弯的假象，也会导致妇科的痛经与肿瘤。躯干扭曲造成的胃扭曲会导致胃部日夜疼痛且服药无效。

骨盆前倾或后倾会造成腰腿酸、麻、痛，往往因为被 X 线检查出一个小骨刺，或者因躯干旋转而在做 X 线检查时拍不到椎间盘被误诊为椎间盘突出。事实上这些都不是骨刺或椎间盘突出引起的酸痛。

鼻中隔偏曲，往往是头骨移位造成的，即便做了手术，鼻子还是会塞住。胸肋关节移位会造成胸痛、心痛的假象。

上述情况，都可以通过 SCC 得到改善。

关于恐慌与失眠

骨盆、躯干扭曲的人的胃肠位置也可能扭转，而产生食管下括约肌与心脏瓣膜脱垂的综合情况，前者可引起胃食管反流，后者可引起二尖瓣脱垂，笔者把这种情况称为"瓣膜脱垂综合征"。

患者因为胃酸刺激食管而出现横膈膜运动不顺畅，进而出现胸闷、胸痛，经常半夜看急诊，但医生却检查不出原因。由于心内科、呼吸内科都找不到原因，最后这种病成了精神科口中的"恐慌症"。

胃食管反流刺激气管，使人无法正常呼吸时，大脑会制造一些怪梦让人醒过来以保证正常，影响睡眠，这是大脑的自救机制。精神科医生却开出安眠药处罚大脑，让它昏睡，如此一来，患者就算能睡，还是疲劳不堪，带着"熊猫眼"过日子。

如何运用太极拳端正脊柱与骨盆

以柔和舒适为取向的太极拳有助于维持脊柱与骨盆的平衡。练太极拳要求做到顶头悬、神贯顶、涵胸拔背、尾闾中正、落胯等，这些都可以视为保持脊柱与骨盆端正的方法，因此，太极拳是对保持人体骨架结构很友善的运动。

相对于太极拳来说，瑜伽是人体柔软度的极限运动，所以需要量身定做，例如，骨盆前倾的人腰部前凹、臀部比较翘，如果平常腰痛，就不适合将腰部过度后伸。骨盆后倾的人腰部平直僵硬、背部前倾，就比较适合做腰部向后伸展的运动。

熊经

在郑子 37 式太极拳的基本功中，熊经是用来做重心转移后身体旋转运动的。学习慢慢将重心从一只脚移动到另一只脚，身体的一侧形成一个柱子或树干，再利用脚底肌肉的磨转来转动整个身体。把意念放在脚底，就不会形成缺乏整体性的腰部运动。

熊经变换重心的方法是重心所在的一脚向下撑，假想要把脚底的一块地面撑破，又像拔河一样，身体持续向同侧的外后方旋转，直到不能旋转为止，再维持原姿势把重心"拔"回来。例如：重心转移到左脚后，左脚底肌肉磨转，带动全身向左后方转动，这种运动对骨盆后倾的人特别合适，在身体转向重心同侧的后方时，用同侧手掌挡住臀部上方的髂骨对抗，使骨盆往前移动，可以有效缓解腰痛。但此法对骨盆前倾就不太适合。

1. 骨盆过度后倾

骶骨曲度变平（似飞机场）、臀部与腰部变平直，缺乏曲度，腰部通常整片变得酸紧。

2. 骨盆过度前倾

正常情况下，人体骨盆会保持适度的前倾，当髂骨向前向上旋时，臀部变小，带动骶骨向前、向下倾斜。

当髂骨向前、向上旋转，将骶骨往前往下压时，骶骨会向前下方倒，呈现滑雪道的曲度，臀部也变翘，出现肚子前凸、颈椎前倾、驼背与腰酸背痛的情况。此时子宫的位置相对后倾，常常引发痛经。

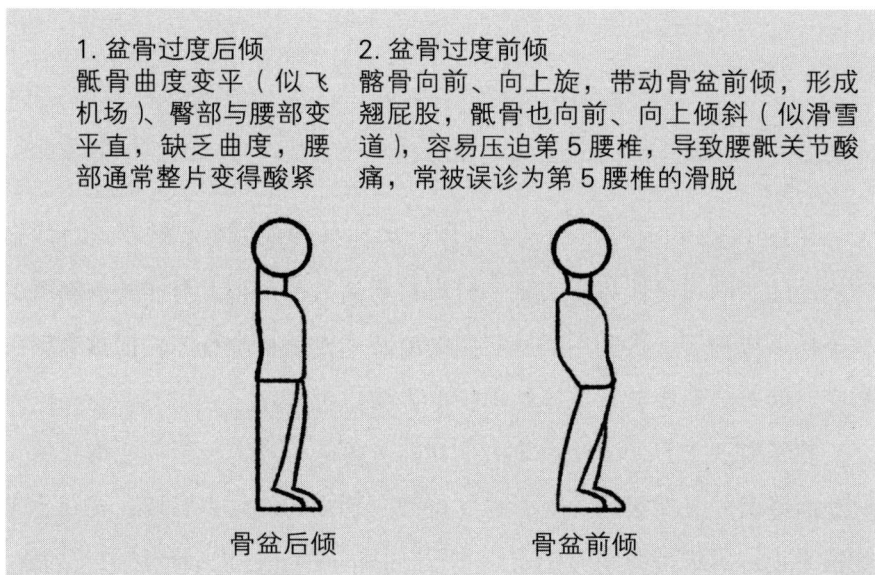

1. 盆骨过度后倾
骶骨曲度变平（似飞机场）、臀部与腰部变平直，缺乏曲度，腰部通常整片变得酸紧

2. 盆骨过度前倾
髂骨向前、向上旋，带动骨盆前倾，形成翘屁股，骶骨也向前、向上倾斜（似滑雪道），容易压迫第5腰椎，导致腰骶关节酸痛，常被误诊为第5腰椎的滑脱

骨盆后倾　　　　　骨盆前倾

行功与迈步如猫行

由于人体先天就不容易保持左右两侧的平衡，大部分人都会出现所谓的长短腿。问题是，人类很少能保持两侧骨盆始终都平衡无恙，因此

走路的姿势变得很重要。

日常走路最好采用太极拳的行功——迈步如猫行，用脚跟着地，像猫走路一样。行功时，后脚向下撑，好像要撑破脚底下的玻璃，推动身体向前移动。前脚脚跟着地，可以避免短脚、平脚着地时产生的身体震荡，有助于改善腰酸背痛的情况。

呼吸与腿部的等张运动

现代人普遍心肺功能不强，如果老师没有要求学生做到开合呼吸、配合拳架训练心肺功能，那就十分可惜，因为这项多出来的健康训练不需要额外的时间。

慢速上下撑直、弯曲，可以让下肢做有效的载重训练，也有助于两侧骨盆的整合。学习者可以单练深度呼吸与下肢的屈伸，同时肩臂可以画圈或摆荡等，让横膈膜的运动幅度加大，增加呼吸的深度。下肢屈伸慢才能感受身体的重量，达到如登山般的载重训练的目的。

参考书目

［1］陈鑫. 陈式太极拳图解. 台北：五洲出版社，1996.

［2］陈小旺. 家传陈式太极拳. 北京：人民体育出版社，1985.

［3］陈炎林. 太极拳刀、剑、杆、散手. 台北：台湾益群书局，1983.

［4］傅钟文. 杨式太极拳. 北京：人民体育出版社，1988.

［5］顾留馨. 炮捶. 香港：海丰出版社，1990.

［6］顾留馨. 太极拳全书. 上海：上海教育出版社，1982.

［7］何菊人，陈子彬. 生理学. 上海：上海医科大学出版社，1988.

［8］蒋玉坤. 太极剑五十四式. 台北：华联出版社，1982.

［9］李成功. 八卦掌秘诀. 北京：北京体育出版社，1993.

［10］沈家祯，顾留馨. 陈式太极拳. 北京：人民体育出版社，1988.

［11］沈寿. 太极拳谱. 北京：人民体育出版社，1995.

［12］孙树椿，孙之镐，等. 中医筋伤学. 北京：人民卫生出版社，1990.

［13］汤野正宪，冈村忠典. 剑道教室. 台北：联广图书公司译. 1988.

［14］王选杰. 大成拳. 香港：海峰出版社，1992.

［15］王维慎．武当松溪派内家拳．香港：海峰出版社，1989.

［16］魏树人．杨式太极拳述真．台北：纯一出版社，1996.

［17］魏征．脊椎病因治疗学．香港：商务印书馆，1987.

［18］杨澄甫．太极拳选编．北京：中国书店，1980.

［19］姚宗勋．意拳．北京：北京体育学院出版社，1990.

［20］曾昭然．太极拳全书．台北：华联出版社，1985.

［21］张天戈，薛近芳．实用气功手册．上海：上海科学技术出版社，1991.

［22］杨甲三．针灸学．北京：人民卫生出版社，1985.

［23］赵斌，赵幼斌，路迪民．杨式太极拳正宗．西安：三秦出版社，1995.

［24］张安桢，武春发．中医骨伤科学．北京：人民卫生出版社，1988.

［25］张义敬．太极学理传真．台北：远东书报社，1989.

［26］郑曼青．郑子太极拳自修新法．台北：时中拳社，1977.

［27］宋志坚，于志均．太极拳源流考订．台北：中华太极馆，1997.

［28］R.M.H. McMinn, R.T. Hutching. *A Colour Atlas of Human Anatomy*. England: Wolfe Medical Publications, 1980.

［29］Soft Key International Inc.. *Body Works 5.0 CD-Rom*, One Arthenaeum Street, Cambridge, MA02142, 1995.

［30］Wolfe Lowenthal. *There are no secrets*. Berkeley, CA: North Atlantic Books, 1991.

［31］Park Bok Nam, Don Miller, *The Fundamentals of Pa Kua Chang*. Pacific Grove, CA: High View Publishing Co., 1993.

人文武术精品书系

北京科学技术出版社

武学名家典籍丛书

杨澄甫武学辑注 《太极拳使用法》《太极拳体用全书》	杨澄甫　著 邵奇青　校注	
孙禄堂武学集注 《形意拳学》《八卦拳学》《太极拳学》 《八卦剑学》《拳意述真》	孙禄堂　著 孙婉容　校注	
陈微明武学辑注 《太极拳术》《太极剑》《太极答问》	陈微明　著 二水居士　校注	
薛颠武学辑注 《形意拳术讲义上编》《形意拳术讲义下编》 《象形拳法真诠》《灵空禅师点穴秘诀》	薛　颠　著 王银辉　校注	
陈鑫陈氏太极拳图说（配光盘）	陈　鑫　著　陈东山　陈晓龙　陈向武　校注	
李存义武学辑注 《岳氏意拳五行精义》 《岳氏意拳十二形精义》《三十六剑谱》	李存义　著 阎伯群　李洪钟　校注	
董英杰太极拳释义	董英杰　著　杨志英　校注	
刘殿琛形意拳术抉微	刘殿琛　著　王银辉　校注	
李剑秋形意拳术	李剑秋　著　王银辉　校注	
许禹生武学辑注 《太极拳势图解》 《陈氏太极拳第五路·少林十二式》	许禹生　著 唐才良　校注	
张占魁形意武术教科书	张占魁著　王银辉吴占良校注	

武学古籍新注丛书

王宗岳太极拳论	李亦畬　著　二水居士　校注
太极功源流支派论	宋书铭　著　二水居士　校注
太极法说	二水居士　校注
手战之道	赵　晔　沈一贯　唐顺之　何良臣　戚继光 黄百家　黄宗羲　著　王小兵　校注

百家功夫丛书

张策传杨班侯太极拳108式（配光盘）	张喆 著 韩宝顺 整理
河南心意六合拳（配光盘）	李洳波 李建鹏 著
形意八卦拳	贾保寿 著 武大伟 整理
王映海传戴氏心意拳精要（配光盘）	王映海 口述 王喜成 主编
张鸿庆传形意拳练用法释秘	邵义会 著
华岳心意六合八法拳	张长信 著
戴氏心意拳功理秘技	王毅 编著
传统吴氏太极拳入门诀要（配光盘）	张全亮 著
吴式太极拳八法（配光盘）	张全亮 马永兰 著
拳疗百病——39式杨氏养生太极拳（配光盘）	戈金刚 戈美葳 著
尚济形意拳练法打法实践	马保国 马晓阳 著
非视觉太极——太极拳劲意图解	万周迎 著
轻敲太极门——太极拳理法与势法	万周迎 著
冯志强混元太极拳48式	冯志强 编著 冯秀芳 冯秀茜 助编
刘晚苍传内家功夫与手抄老谱	刘晚苍 刘光鼎 刘培俊 著
赵堡太极拳拳理拳法秘笈	王海洲 著
京东程式八卦掌	奎恩凤 著
功夫架——太极拳实用训练	朱利尧 著
道宗九宫八卦拳	杨树藩 著
三十七式太极拳劲意直指	张耀忠 张林 厉勇 著

民间武学藏本丛书

守洞尘技	崔虎刚 校注
通背拳	崔虎刚 校注
心一拳术	李泰慧 著 崔虎刚 校注
少林论郭氏八翻拳	崔虎刚 校注
拳谱志三	崔虎刚 点校
少林秘诀	崔虎刚 校注
拳法总论	崔虎刚 点校
少林拳法总论	崔虎刚 点校
母子拳	崔虎刚 点校
绘像罗汉短打	升霄道人 编著 崔虎刚 点校
六合拳谱	崔虎刚 点校

拳道薪传丛书

三爷刘晚苍——刘晚苍武功传习录	刘源正　季培刚　编著
乐传太极与行功	乐奂　原著　钟海明　马若愚　编著
慰苍先生金仁霖太极传心录	金仁霖　著
中道皇皇——梅墨生太极拳理念与心法	梅墨生　著
杨振基传太极拳内功心法	胡贯涛　著
卢式心意拳传习录	余江　编著
习练太极拳之见闻与体悟	陈惠良　著
廉让堂太极拳传谱精解	李志红等　编著
武当叶氏太极拳	叶绍东　何基洪　蔡光復　著
功夫上手——传统内功太极拳拳学笔记	陈耀庭　著　霍用灵　整理

功夫探索丛书

内家拳的正确打开方式	刘杨　著
借力——太极拳劲力图解	戴君强　著

编辑推荐

扫码一键购

内家拳的正确打开方式
定价：80 元
刘杨　著

非视觉太极——太极拳劲意图解
定价：158 元
万周迎　著

轻敲太极门——太极拳理法与势法
定价：108 元
万周迎　著

功夫架——太极拳实用训练
定价：78 元
朱利尧